FETTER
GENUSS

BILLY LAW

FETTER GENUSS

DAS BESTE SOULFOOD
AUS DER GANZEN WELT

südwest

INHALT

EINLEITUNG

Wie magst du dein Essen am liebsten? Fleischig, knusprig, weich, saucig, klebrig, buttrig, flockig, käsig, schokoladig, cremig, herzhaft, seidig, würzig, sirupartig, saftig?

Dann ist dieses Buch genau richtig für dich – es ist voller leckerer, üppiger und verlockender Rezepte, die dir die Socken ausziehen.

Begleite mich auf eine Abenteuerreise in die entlegensten Ecken der Welt. Dieses Buch feiert all die kultigen und deftigen Gerichte, und nicht zu vergessen das Streetfood, das ich auf meinen Reisen gegessen habe.

Das Beste am Kochen ist für mich, dass ich meine Freunde bewirten kann. Es gibt nichts Schöneres als zu sehen, wie sie ihr Essen förmlich verschlingen – ein Grund dafür, warum so viele Rezepte perfekt für ein Lunch-Treffen, eine Dinner-Party oder einen Grillabend sind.

Jeder kann für jede Gelegenheit das richtige Rezept hier finden – von Quick 'n' Easy *Monster-Subs mit scharfen Fleischbällchen* für ein spätes Frühstück oder eine Game-Nacht, über *Gewürzter Blumenkohl mit Speck oder Mexikanische Chicken-Parmi* für Fernsehabende unter der Woche sowie *Tonkotsu-Ramen und Chinese Hot Pot*, um dich von innen zu wärmen, bis hin zu *Smoked Brisket im Texas-Style* für eine ganze Armee!

Lass dich von den längeren Rezepten bloß nicht einschüchtern – sie sind viel unkomplizierter, als es scheint. Manche können auch abgespeckt oder verändert werden. So kannst du etwa das Rezept *Gerösteter Schweinebauch mit Birnen-Kimchi* von Seite 80 verkürzen, indem du den Schweinebauch mit den besten Röstkartoffeln der Welt von Seite 96 servierst. Oder das *Hähnchencurry im Brot* wird als eigenständiges Hauptgericht ohne das Brot zubereitet.

Bereit für die Schlacht? Dann blättere um und lass dich auf ein inspirierendes kulinarisches Abenteuer ein, das alles Bisherige toppt!

BILLY

SNACKS

SCHARFE KÄSE-BOMBEN MIT CHILI-MAYO

Diese kleinen Käsebällchen sind der Knaller! Ein Hit auf jeder Party und schneller weg, als man nachlegen kann. Mal ehrlich: Eine knusprig-goldbraune Hülle mit weichem, geschmolzenem Kern – wer kann da schon widerstehen?

220 g Mini-Mozzarella-Kugeln
75 g Mehl
2 Eier
90 g Panko-Semmelbrösel
   (japanische Semmelbrösel,
   erhältlich im Asiamarkt)
1 TL Salz, plus etwas mehr
   zum Würzen
1 EL frische Thymianblättchen
1 TL Cayennepfeffer
1 TL geräuchertes Paprikapulver
Pflanzenöl zum Frittieren

CHILI-MAYO
2 EL Mayonnaise
2 TL Sriracha-Sauce
   (scharfe Chilisauce)
1 TL Limettensaft
1 Prise Salz

Die Mozzarella-Kugeln in einem Sieb abtropfen lassen und trocken tupfen.

Zum Panieren drei flache Schalen oder tiefe Teller vorbereiten: In die erste Schale das Mehl füllen. In der zweiten Schale die Eier verquirlen. In der dritten Schale Panko, 1 Teelöffel Salz, Thymianblättchen, Cayennepfeffer und Paprikapulver vermengen.

Die Mozzarella-Kugeln nacheinander im Mehl wälzen und überschüssiges Mehl abklopfen. Dann durchs Ei ziehen und zuletzt in der Panko-Mischung wenden.

Die Bällchen noch einmal ins Ei tunken und in der Panko-Mischung wenden, bis sie rundum vollständig bedeckt sind. Die panierten Bällchen auf einen Teller legen und mindestens 30 Minuten im Kühlschrank fest werden lassen.

Für die Chili-Mayo alle Zutaten in einer kleinen Schüssel verrühren.

Das Pflanzenöl in eine Fritteuse oder eine mittelgroße Pfanne mit schwerem Boden gießen, bis diese zu einem Drittel gefüllt ist. Das Öl auf 180 °C erhitzen.

Die Käsebällchen portionsweise 1 Minute frittieren, bis sie goldbraun und knusprig sind. Mit einem Schaumlöffel herausheben, auf Küchenpapier abtropfen lassen und sofort mit Salz bestreuen.

Die heißen Käse-Bomben mit der Chili-Mayo servieren.

HEISSER TIPP

Darauf achten, dass die Kugeln komplett mit Panko überzogen sind und dass das Öl nicht zu heiß ist. Ansonsten platzen die Bällchen auf und der geschmolzene Käse läuft ins Öl.

WÜRSTCHEN IM SCHLAFROCK MIT KÄSE-DIP

FÜR
6
PERSONEN

Dieser Klassiker ist garantiert der Renner auf jeder 80er-Jahre-Party. Ein super einfaches Gericht, das jedem schmeckt und dazu noch ein echter Hingucker ist.

3 Lagen Blätterteig
200 g runder Brie oder Ofenkäse
2 lange Cabanossi-Würstchen, in 2 cm lange Stücke geschnitten
1 Ei, verquirlt
1 TL Mohnsaat
1 TL Sesamsaat
1 EL Olivenöl
2 Scheiben Frühstücksspeck, gewürfelt
feine Schnittlauchröllchen zum Garnieren

Den Backofen auf 220 °C (Ober- und Unterhitze) vorheizen. Ein Backblech mit Backpapier auslegen.

Eine Lage Blätterteig auf das Backblech legen und den Brie in der Mitte des Teigs platzieren.

Aus einer zweiten Lage Blätterteig einen Kreis ausschneiden, der groß genug ist, um Oberseite und Ränder des Käses zu bedecken. (Den Verschnitt zum Einwickeln der Würstchen aufbewahren.)

Den Blätterteigkreis mittig auf den Käse legen und an den Seiten schön andrücken, damit keine Luftblasen entstehen.

Die untere Blätterteiglage strahlenförmig mit einem scharfen Messer in vier gleich große Teile schneiden. Jedes Viertel in drei Keile schneiden, sodass insgesamt 12 Keile entstehen.

Ein Cabanossi-Stück an den äußeren Rand eines Blätterteigkeils legen und zur Mitte bis zum Käse einrollen. Diesen Vorgang mit den restlichen Streifen wiederholen.

Den dritten Blätterteig von der Mitte aus stahlenförmig in 12 gleich große „Kuchenstücke" schneiden.

In jedes Teigdreieck ein Cabanossi-Stück einrollen und in einer zweiten Runde an die anderen Blätterteigkugeln drücken.

Die restlichen Cabanossi-Stücke in die in Streifen geschnittenen Überreste der zweiten Blätterteigplatte einwickeln und ebenfalls von außen am Kreis festdrücken. Nichts wird verschwendet!

Den Blätterteig mit dem verquirlten Ei bestreichen und mit Mohn und Sesam bestreuen.

20 Minuten backen, dann den Ofen auf 200 °C herunterschalten und die Würstchen im Schlafrock für weitere 10 Minuten backen, bis der Teig goldbraun ist.

Inzwischen das Olivenöl in einer Pfanne auf mittlerer Stufe erhitzen und den Speck darin 3 Minuten knusprig braten. Herausnehmen und auf Küchenpapier abtropfen lassen.

Den Blätterteig aus dem Ofen nehmen und 10 Minuten ruhen lassen.

Den mittleren Teigdeckel abschneiden, sodass der geschmolzene Käse zum Vorschein kommt. Mit Speckwürfeln und Schnittlauch betreuen und sofort servieren.

HEISSE TIPPS

• Die Cabanossi können nach Belieben durch Wiener Würstchen oder sehr kleine Hackfleischbällchen ersetzt werden.

• Für eine größere Portion einfach weitere Wurst-Stücke in Blätterteig einrollen und in weiteren Runden andrücken – so kann auch eine große Gästeschar satt werden.

KNUSPRIGE HÄHNCHENKARKASSE

Wahrscheinlich denkst du jetzt: „Was soll das denn?" Egal, vertrau mir!
Bevor du das nächste Mal ein Hähnchengerippe wegwerfen möchtest,
probier einfach dieses Rezept aus. Der Trick ist, die Karkasse lange zu
frittieren, ohne sie zu verbrennen. Dadurch werden die Knöchelchen so
kross, dass man sie essen kann. Am besten mit Bier runterspülen.

2 rohe ausgelöste
  Hähnchenkarkassen
150 g Mehl
2 TL Chilipulver
1 TL gemahlener Koriander
1 TL Knoblauchpulver
2 TL Salz plus etwas mehr
  zum Würzen
1 TL frisch gemahlener
  schwarzer Pfeffer
Pflanzenöl zum Frittieren
2 Frühlingszwiebeln, in feine
  Ringe geschnitten

INGWER-WASABI-MARINADE

3 Knoblauchzehen, abgezogen
1 Stück frische Ingwerwurzel
  (2 cm), geschält und grob
  gehackt
3 Schalotten, abgezogen und
  grob gehackt
2 EL dunkle Sojasauce
1 EL Wasabi-Paste
2 EL Mirin (japanischer
  Kochreiswein)

WASABI-SOJASAUCEN-DRESSING

1 TL Wasabi-Paste
2 EL Sojasauce
2 EL Mirin (japanischer
  Kochreiswein)
2 EL Zucker

Die Hähnchenkarkassen in handflächengroße Stücke zerteilen, sodass sie
leichter zu frittieren sind. In einen Topf geben, mit kaltem Wasser übergießen
und bei starker Hitze zum Kochen bringen. Die Hitze auf mittlere Stufe
reduzieren und 5 Minuten köcheln lassen. Abtropfen lassen, die Karkassenteile
unter fließend kaltem Wasser abspülen, damit etwaige Fleisch- und Fettreste
abgespült werden. Mit Küchenpapier trocken tupfen und beiseitestellen.

Die Marinadenzutaten in der Küchenmaschine oder im Mixer zu einer Paste
pürieren.

Die Karkassenteile in eine Rührschüssel legen und die Marinade darübergeben.
Bis in jede Ritze der Hähnchenknochen einreiben. Abdecken und über Nacht
im Kühlschrank marinieren.

Am nächsten Tag die Dressingzutaten in einem kleinen Topf verrühren und
zum Kochen bringen. Auf mittlere Stufe stellen und 5 Minuten köcheln lassen,
bis die Sauce eindickt. Abkühlen lassen und bis zur weiteren Verwendung
beiseitestellen.

Mehl, Chilipulver, Koriander, Knoblauchpulver, Salz und Pfeffer in einer
flachen Schale vermischen.

Die feuchten Hähnchenteile in der Mehlmischung wenden, überschüssiges
Mehl abklopfen. Die Teile zurück in die Marinade legen und noch einmal mit
Mehl überziehen. Griffbereit auf einen Teller legen.

Das Pflanzenöl in eine Fritteuse oder eine mittelgroße Pfanne mit schwerem
Boden gießen, bis diese ungefähr zur Hälfte gefüllt ist, und bei mittlerer
Temperatur auf 175 °C erhitzen.

Die Karkassenteile portionsweise 3–5 Minuten knusprig goldbraun frittieren.
Auf Küchenpapier abtropfen lassen, um überschüssiges Öl zu entfernen.

Sobald alle Teile frittiert sind, diese in eine große Schüssel geben, mit Dressing
beträufeln und vermengen. Auf Servierteller verteilen, mit Frühlingszwiebeln
garnieren und sofort servieren.

HEISSE TIPPS

• Es ist wichtig, die Karkasse gut zu säubern, ansonsten macht sich das im Geschmack
bemerkbar.

• Das Öl darf nicht zu heiß sein, denn wir wollen knusprig durchgegarte Knochen haben.
Die Teile dürfen nicht zu schnell bräunen. Ich bin der Meinung, dass alles essbar ist.

DREIERLEI KOREANISCHE HOT DOGS

Den amerikanischen Jahrmarktklassiker gibt es in unzähligen Varianten. Aber warte, bis du diese drei koreanischen Varianten probiert hast – das ist wirklich mal was Neues!

4 Hot-Dog-Würstchen
(z. B. Wiener, dünne
Siedewürstchen)
Ketchup und mittelscharfer Senf
zum Servieren

POLENTA-TEIG
150 g Mehl
75 g Polenta
2 TL Zucker
1 Prise Salz
½ TL Natron
1 großes Ei
250 ml Milch
Pflanzenöl zum Frittieren

Für den Teig Mehl, Polenta, Zucker, Salz und Natron in einer Schüssel vermengen. Ei und Milch zugeben und alles zu einem glatten, zähflüssigen Teig verrühren. Sollte der Teig zu fest sein, noch etwas Wasser zufügen. Den Teig in ein schmales hohes Gefäß füllen, in das die Würstchen komplett hineinpassen (z. B. ein Weizenbierglas oder eine Karaffe).

Die Würstchen der Länge nach auf Schaschlikspieße stecken und beiseitelegen.

Das Pflanzenöl in eine Fritteuse oder eine tiefe Pfanne mit schwerem Boden gießen, bis diese ungefähr zur Hälfte gefüllt ist, und bei mittlerer Temperatur auf 180 °C erhitzen.

Nun mit einer der Variationen fortfahren.

HOT DOGS MIT POMMES FRITES

75 g Mehl zum Panieren
1 Handvoll TK-Pommes-frites im Wellenschnitt, aufgetaut und in 1-cm-Stücke geschnitten

Das Mehl auf einen Teller und die gewürfelten Pommes frites auf einen anderen geben.

Ein Würstchen am Spieß im Mehl wenden, überschüssiges Mehl abklopfen. In den Teig tauchen und vollständig damit überziehen. Überschüssigen Teig abtropfen lassen.

Schließlich in den Pommes frites wenden und darauf achten, dass diese fest am Teig haften.

Den Hot Dog sofort ins heiße Öl geben und 5–7 Minuten goldbraun frittieren. Auf einem mit Küchenpapier unterlegten Kuchengitter abtropfen lassen. Die restlichen Hot Dogs nacheinander auf dieselbe Art panieren und zubereiten.

Mit Ketchup und Senf servieren.

BROT-HOT-DOGS

75 g Mehl zum Panieren
4 Scheiben Brot vom Vortag, in 1 cm dicke Würfel geschnitten

Das Mehl auf einen Teller und die Brotwürfel auf einen anderen geben.

Ein Würstchen am Spieß im Mehl wenden, überschüssiges Mehl abklopfen. In den Teig tauchen und vollständig damit überziehen, überschüssigen Teig abtropfen lassen. Schließlich in den Brotwürfeln wenden und rundum damit bedecken.

Den Hot Dog sofort ins heiße Öl geben und 5–7 Minuten goldbraun frittieren. Auf einem mit Küchenpapier unterlegten Kuchengitter abtropfen lassen. Die restlichen Hot Dogs nacheinander auf dieselbe Art panieren und zubereiten.

Mit Ketchup und Senf servieren.

KÄSE-HOT-DOGS

4 Scheiben Weißbrot, Rinde entfernt
60 g Panko-Semmelbrösel (japanische Semmelbrösel aus dem Asiamarkt)
1 Ei, mit 2 EL Wasser verquirlt
4 Scheiben Schmelzkäse

Die Weißbrotscheiben mit einem Nudelholz auf 2 mm ausrollen.

Die Panko-Semmelbrösel auf einen tiefen Teller und das verquirlte Ei auf einen zweiten geben.

Um jedes Würstchen zuerst 1 Scheibe Käse rollen, dann 1 Scheibe Weißbrot. Den Rand der Brotscheibe mit etwas Wasser anfeuchten, dann den Hot Dog auf der Arbeitsfläche hin- und herrollen.

Den Hot Dog zuerst durchs Ei ziehen, dann in den Panko-Semmelbröseln wenden und gleichmäßig damit überziehen.

Wiederholen, um eine dicke Kruste zu erhalten.

Den Hot Dog sofort ins heiße Öl geben und 5–7 Minuten goldbraun frittieren. Auf einem mit Küchenpapier unterlegten Kuchengitter abtropfen lassen. Die restlichen Hot Dogs nacheinander auf dieselbe Art panieren und zubereiten.

Mit Ketchup und Senf servieren.

HEISSE TIPPS

• Wird der Teig nicht zügig verarbeitet, dickt er schnell ein. Gegebenenfalls etwas Wasser hinzufügen und wieder zu einem dickflüssigen Teig verrühren. Er sollte auf keinen Fall zu flüssig sein, da sonst die Pommes frites oder die Brotwürfel nicht daran haften.

• Das Gefäß, in das der Teig gegossen wird, sollte so hoch sein, dass der ganze Hot Dog hineinpasst.

HÄHNCHEN IM HÖRNCHEN

Hähnchen in der Waffel sind ungewöhnlich, aber unwiderstehlich.
Frittiertes Hähnchen, süße Waffeln und Ahornsirup harmonieren
einfach perfekt miteinander. Im knusprigen Hörnchen angerichtet hast
du das perfekte Fingerfood: Genuss „to go".

500 g entbeinte und gehäutete
Hähnchenschenkel, in
mundgerechte Stücke
geschnitten
2 EL Speisestärke
1 großes Ei
120 g Panko-Semmelbrösel
(japanische Semmelbrösel aus
dem Asiamarkt)
Pflanzenöl zum Frittieren
Chili-Mayo (Seite 12) zum
Servieren
4 Waffelhörnchen
1 Limette, in 4 Spalten
geschnitten

RAUCHIGE GEWÜRZMISCHUNG
½ TL gemahlene Kurkuma
1 TL Knoblauchpulver
½ TL frisch gemahlener
schwarzer Pfeffer
½ TL Zwiebelpulver
½ TL Chilipulver
½ TL geräuchertes Paprikapulver
1 TL getrockneter Oregano
1 TL Salz

Das Fleisch in eine Schüssel geben. Alle Zutaten der Gewürzmischung
darüberstreuen

Mit den Händen durchkneten, bis alle Hähnchenstücke gleichmäßig bedeckt
sind. Speisestärke und Ei zufügen und gut vermengen.

Die Panko-Semmelbrösel auf einen tiefen Teller geben und das Fleisch vorsichtig darin wälzen, bis es rundherum bedeckt ist. Für 5 Minuten zur Seite
stellen.

Das Pflanzenöl in eine Fritteuse oder eine mittelgroße Pfanne mit schwerem
Boden gießen, bis diese ungefähr zur Hälfte gefüllt ist, und auf 180 °C erhitzen.

Das Fleisch darin portionsweise 1–2 Minuten frittieren, bis es goldbraun ist.
Auf Küchenpapier abtropfen lassen.

Etwas Chili-Mayo in die Hörnchen träufeln. Mit dem frittierten Hähnchen
befüllen und noch etwas Mayo obenauf geben. Mit 1 Limettenspalte garniert
reichen.

HEISSER TIPP
• Probiere alternativ einmal den US-amerikanischen Klassiker: frittiertes Hähnchen,
Waffeln und Ahornsirup.

BANG-BANG HÄHNCHEN-LOLLIPOPS

Wir alle wissen, dass Chicken-Wings etwas schwierig zu essen sind –
also nicht unbedingt das beste Fingerfood. Bei diesen Hähnchen-Lolli-
pops ist das anders. Deine Gäste können genussvoll an ihrem Chicken-
Wing knabbern und entsorgen hinterher nur einen kleinen Knochen.

1,5 kg Hähnchenflügel
75 g Mehl
60 g Speisestärke
I TL Chilipulver
I TL Salz
I Prise frisch gemahlener
  schwarzer Pfeffer
Pflanzenöl zum Frittieren
Limettenspalten zum Servieren

SOJA-CHILI-MARINADE
I EL Koriandersamen
I TL Kreuzkümmelsamen
I TL Fenchelsamen
4–5 Schalotten, abgezogen und
  grob gehackt
2 große rote Chilischoten
I TL gemahlene Kurkuma
I TL Chilipulver
I TL Ingwerpulver
I EL Zucker
I TL frisch gemahlener
  schwarzer Pfeffer
2 EL Sojasauce

Für die Marinade Koriander-, Kreuzkümmel- und Fenchelsamen in einer
trockenen Pfanne bei kleiner Hitze 3 Minuten rösten, bis sie zu duften
beginnen. Die Gewürze aus der Pfanne in einen Mörser geben und zerstoßen.
Die gemahlenen Gewürze in eine Küchenmaschine geben, die restliche Zutaten
für die Marinade zufügen und alles zu einer glatten Paste verarbeiten.

Ein Hähnchenflügel besteht aus drei Segmenten. Mit einem scharfen Messer
das obere, fleischige Drittel mitten durchs Gelenk abtrennen. Der Rest kann
anderweitig verarbeitet werden, etwa zu Brühe.

Kurz unter dem (durchgeschnittenen) Gelenk die Haut ringförmig durchschneiden. Die Haut vom (durchgeschnittenen) Gelenk abziehen und entsorgen. Haut und Fleisch in die andere Richtung (zum fleischigen Teil hin)
schieben, sodass ein Stück Knochen freigelegt wird. Eventuell hervortretende
Sehnen oder Knöchelchen mit der Schere abschneiden. Die Haut kann entfernt
werden, muss aber nicht. Das Fleisch so weiterschieben, dass es sich über das
Gelenk am anderen Ende des Knochens stülpt.

Die Lollis in einen Gefrierbeutel geben, die Marinade hinzufügen und den
Beutel verschließen. Das Ganze leicht kneten und bewegen, bis das Fleisch
vollständig mit Marinade bedeckt ist. Den Beutel in den Kühlschrank legen und
das Fleisch über Nacht marinieren.

Am nächsten Tag Mehl, Speisestärke, Chilipulver, Salz und Pfeffer in einer
großen Schüssel verrühren. Den Fleischteil der Lollipops in der Mehlmischung
wenden. Überschüssiges Mehl abklopfen. Für eine dickere Panade den Vorgang
wiederholen. Auf einen Teller legen und 10 Minuten ruhen lassen.

Das Pflanzenöl in eine Fritteuse oder eine mittelgroße Pfanne mit schwerem
Boden gießen, bis diese ungefähr zur Hälfte gefüllt ist, und bei mittlerer
Temperatur auf 180 °C erhitzen.

Die Lollipops darin portionsweise 2–3 Minuten frittieren, bis sie goldbraun
sind. Auf einem mit Küchenpapier unterlegten Kuchengitter abtropfen lassen.
Die Knochenenden mit Alufolie umwickeln und heiß mit Limettenspalten
servieren.

HEISSE TIPPS
• Es ist etwas fummelig, das Fleisch von den Flügelknochen zu lösen. Nimm dir Zeit und
hab Geduld!
• Mit der Chili-Mayo von Seite 12 schmecken die Lollipops noch besser.

KOREANISCHER KÄSEMAIS

Das ist wahrscheinlich das unkomplizierteste und schnellste vegetarische Gericht, das es gibt. Diesen beliebten Appetizer gibt's in fast jedem koreanischen Restaurant – und er ist das beste Mittel, um einen leeren Magen vor dem Feiern mit einer robusten Käseschicht auszukleiden.

1 EL Butter

1 Dose Maiskörner (420 g Füllgewicht), abgespült und abgetropft

2 Frühlingszwiebeln, in feine Ringe geschnitten

1 EL Mayonnaise

2 TL Zucker

Salz und frisch gemahlener schwarzer Pfeffer

100 g Mozzarella, gerieben

Cayennepfeffer zum Bestäuben (nach Belieben)

Den Backofengrill auf mittlerer Stufe vorheizen.

Die Butter in einer ofenfesten Pfanne bei mittlerer Hitze zerlassen. Die Maiskörner darin 3 Minuten braten. Die Frühlingszwiebeln zugeben, kurz umrühren und vom Herd nehmen.

Mayonnaise und Zucker zugeben und mit Salz und Pfeffer würzen. Alles gut verrühren. Den Käse darüberstreuen, sodass der Mais vollständig bedeckt ist.

Die Pfanne im Ofen 5–8 Minuten überbacken, bis der Käse geschmolzen und stellenweise goldbraun ist.

Aus dem Ofen nehmen, nach Belieben mit Cayennepfeffer bestäuben und 5 Minuten ruhen lassen. Heiß servieren, dazu ein gekühltes Bier genießen.

HEISSER TIPP

• Für ein original koreanisches Gericht den überbackenen Mais mit Feurigen koreanischen Chicken-Wings (Seite 50) und Bossam (Seite 110) servieren.

CURRYWURST MIT POMMES UND KNOBLAUCHMAYO

FÜR **2** PERSONEN

Currywurst ist nicht nur in Berlin eines der beliebtesten Fastfoods – aber nur hier gab es bis Ende 2018 ein Currywurst-Museum. Ich selbst habe bestimmt so manche Currywurst zu viel gegessen, aber jede einzelne hat sich gelohnt. Dieses Rezept versetzt euch kulinarisch direkt in die Straßen von Berlin.

Pflanzenöl zum Frittieren
1 Handvoll TK-Pommes-frites
Salz zum Abschmecken
1 EL Olivenöl
2 Bratwürste
Currypulver zum Bestäuben

CURRYSAUCE

1 EL Olivenöl
1 große Zwiebel, abgezogen und in kleine Würfel geschnitten
1 EL Currypulver
2 TL geräuchertes Paprikapulver
1 TL Zwiebelpulver
1 Prise Cayennepfeffer
125 ml Ketchup
2 TL Worcestersauce
2 EL Wasser

KNOBLAUCHMAYO

1 Knoblauchzehe, abgezogen
1 Prise Salz
125 g Mayonnaise
1 Prise Cayennepfeffer

Für die Currysauce das Olivenöl in einer Pfanne auf mittlerer Stufe erhitzen und die Zwiebel darin 3 Minuten weich und glasig dünsten. Die Gewürze zugeben und 1 Minute rühren, dann Ketchup, Worcestersauce und Wasser zugeben und verrühren. 5 Minuten köcheln lassen, bis die Sauce dickflüssig ist. Zum Abkühlen beiseitestellen.

Für die Knoblauchmayo den Knoblauch fein hacken und 1 Prise Salz darübergeben. Mit der flachen Klinge eines Messers Salz und Knoblauch zu einer Paste verreiben, bei Bedarf mehr Salz zufügen. Mit Mayonnaise und Cayennepfeffer in eine Schüssel geben und gründlich verrühren. Bis zum Servieren beiseitestellen.

Das Pflanzenöl in eine mittelgroße Pfanne mit schwerem Boden gießen, bis diese ungefähr zur Hälfte gefüllt ist, und bei mittlerer Temperatur auf 180 °C erhitzen. Die Pommes frites darin etwa 10 Minuten frittieren, bis sie goldbraun sind. Auf Küchenpapier abtropfen lassen und noch warm salzen.

Inzwischen das Olivenöl in einer Pfanne auf mittlerer bis hoher Stufe erhitzen und die Würste darin 5–10 Minuten braten, bis sie gar sind. Dabei mehrmals wenden, damit sie von allen Seiten braun werden.

Die Würste in dicke Scheiben schneiden und auf einem Teller anrichten. Mit der Sauce übergießen und mit Currypulver bestäuben. Mit Pommes frites und einem Klecks Knoblauchmayo servieren.

HEISSER TIPP

• Wenn du's mal ganz entspannt angehen willst, dann gib einfach nur Ketchup über die gebratene Wurst und bestäube sie mit Currypulver.

FRÜHLINGSROLLEN MIT PEKINGENTE UND NUOC-CHAM-DIP

ERGIBT 8-10 ROLLEN

Wer gern Pekingente und Frühlingsrollen mag, wird diese Kombi lieben. Auf Partys gehen sie weg wie warme Semmeln, deshalb mach lieber zu viel als zu wenig.

2 Entenbrustfilets

2 lange Streifen Clementinen- oder Orangenschale (Bioware)

1 Stück frische Ingwerwurzel (2 cm), geschält und in feinen Scheiben

2 Sternanise

2 EL Olivenöl

1 EL Hoisinsauce

1 EL Sesamsaat

2 Frühlingszwiebeln, in feinen Ringen

8–10 quadratische Frühlingsrollenblätter, TK-Ware aufgetaut

1 Ei, leicht verquirlt

Pflanzenöl zum Frittieren

CHINESISCHE MARINADE

2 TL Sichuan-Pfefferkörner

3 Knoblauchzehen, abgezogen und fein gehackt

1 TL Fünf-Gewürze-Pulver

½ TL frisch gemahlener weißer Pfeffer

1 EL Zucker

1 EL Sojasauce

1 EL Hoisinsauce

NUOC-CHAM-DIP

60 ml Fischsauce

60 ml Wasser

2 EL Limettensaft

1 EL farbloser Essig

2 EL Zucker

1 große rote Chilischote, entkernt und fein gehackt

2 Knoblauchzehen, abgezogen und fein gehackt

½ Gurke, entkernt und sehr fein gewürfelt

Den Backofen auf 150 °C vorheizen.

Für die chinesische Marinade die Pfefferkörner in einer Pfanne bei geringer Hitze 3 Minuten rösten, dann im Mörser zu Pulver zerstoßen. Zusammen mit den übrigen Marinadezutaten in eine Schüssel geben und zu einer dicken Paste verrühren.

Die Entenbrustfilets auf ein Schneidebrett legen und die Haut rautenförmig einschneiden. Dann wenden und auf der Fleischseite ebenfalls einschneiden. Das Filet gleichmäßig mit der Marinade bestreichen.

Zitrusschale, Ingwer und Sternanise in eine flache ofenfeste Form geben und die Filets darüberlegen. Die Form mit Alufolie abdecken, in den Ofen stellen und das Fleisch 1½–2 Stunden garen, bis es weich ist und sich leicht zerteilen lässt.

Das Olivenöl in einer Pfanne auf mittlerer Stufe erhitzen und das Filet mit der Hautseite nach unten 3 Minuten braten, bis die Haut knusprig ist. Zum Abkühlen auf ein Schneidebrett legen.

Das abgekühlte Fleisch in Streifen schneiden und in eine Schüssel geben. Hoisinsauce, Sesam und Frühlingszwiebeln zugeben und gut vermengen. Abdecken und für mindestens 2 Stunden in den Kühlschrank stellen.

Kurz vor dem Servieren alle Zutaten für den Dip – bis auf die Gurke – in einen kleinen Topf geben und alles bei mittlerer Hitze zum Kochen bringen. 10–15 Minuten köcheln lassen, bis die Sauce um die Hälfte eingekocht und dickflüssig ist. Vom Herd nehmen und vollständig abkühlen lassen. Den Dip in eine Schale füllen und die Gurkenwürfel zugeben.

Ein Frühlingsrollenblatt mit einer Ecke zum Körper weisend auf die Arbeitsfläche legen. 1 Esslöffel Entenmischung in einer Linie im unteren Drittel verstreichen. Die untere Ecke darüberfalten und halb aufrollen. Dann die Seitenecken nach innen klappen und weiterrollen. Die hintere Spitze mit Ei bestreichen und das Röllchen vollständig aufrollen. Fest andrücken und auf einen Teller legen. Mit den übrigen Blättern und der Füllung ebenso verfahren.

Das Pflanzenöl in eine Fritteuse oder eine Pfanne mit schwerem Boden gießen, bis diese ungefähr zur Hälfte gefüllt ist, und bei mittlerer Temperatur auf 180 °C erhitzen.

Die Frühlingsrollen portionsweise im heißen Öl etwa 2 Minuten frittieren, bis sie goldbraun sind. Herausnehmen und auf einem mit Küchenpapier unterlegten Kuchengitter abtropfen lassen.

Heiß mit dem Dip servieren.

HEISSER TIPP

• Achte darauf, dass die Entenmischung nicht zu flüssig ist, weil sie beim Frittieren sonst heraustropfen kann. Das gibt heiße Ölspritzer.

TAIWANESISCHE HÄHNCHENSCHNITZEL

ERGIBT
2
SCHNITZEL

Diese riesigen frittierten Schnitzel sind auf den Night Markets in Taiwan der Renner. Das Besondere daran ist die knusprige Kruste aus Süßkartoffelmehl. Falls du gern Hähnchenschnitzel magst, dann sind diese genau richtig für dich.

2 Hähnchenbrustfilets
75 g Weizenmehl zum
    Bestäuben
1 verquirltes Ei
140 g Süßkartoffelmehl
    (siehe Tipp)
Pflanzenöl zum Frittieren
Cayennepfeffer zum Bestäuben
    (optional)

SOJA-GEWÜRZ-MARINADE
½ TL Salz
½ TL gemahlener weißer Pfeffer
1 TL Fünf-Gewürze-Pulver
1 EL Zucker
2 EL Sojasauce

CHILI-PFEFFER-GEWÜRZ
1 TL Fünf-Gewürze-Pulver
½ TL gemahlener weißer Pfeffer
½ TL Salz
½ TL Chilipulver
½ TL Cayennepfeffer

Die Filets mit einem scharfen Messer im Schmetterlingsschnitt aufschneiden – dabei mit der dicksten Stele beginnen und das Fleisch mit einem Rand von 2 cm waagrecht zerteilen. Aufklappen und zwischen zwei Lagen Frischhaltefolie legen. Mit einem Teigroller oder Fleischklopfer gleichmäßig dick rollen oder klopfen.

Alle Zutaten für die Marinade in eine Schüssel geben und rühren, bis Salz und Zucker aufgelöst sind. Das Fleisch in einen Kunststoffbehälter legen, die Marinade darübergießen und gleichmäßig ins Fleisch reiben. Abdecken und mindestens 2 Stunden im Kühlschrank marinieren.

Alle Zutaten für das Chili-Pfeffer-Gewürz vermengen und beiseitestellen.

Zum Panieren das Weizenmehl in einen tiefen Teller geben, das Ei in einen zweiten und das Süßkartoffelmehl in einen dritten.

Die Filets im Weizenmehl wenden, überschüssiges Mehl abklopfen. Dann durchs Ei ziehen und schließlich mit dem Süßkartoffelmehl gleichmäßig überziehen. 10 Minuten ruhen lassen.

Das Pflanzenöl in eine Fritteuse oder 5 cm hoch in eine Pfanne mit schwerem Boden oder in einen Wok gießen, und bei mittlerer Temperatur auf 180 °C erhitzen.

Ein Schnitzel nach dem anderen vorsichtig ins heiße Öl gleiten lassen (Achtung, Spritzgefahr!) und 2–3 Minuten von jeder Seite frittieren, bis die Schnitzel goldbraun sind. Mit einem Schaumlöffel herausheben und auf einem mit Küchenpapier unterlegten Kuchengitter abtropfen lassen.

Auf beiden Seiten mit dem Chili-Pfeffer-Gewürz bestreuen und sofort servieren. Nach Belieben mehr Cayennepfeffer dazu reichen.

HEISSER TIPP

• Süßkartoffelmehl ist im Asia- oder Biomarkt erhältlich. Man kann es auch im Onlinehandel bestellen. Es kann durch Speisestärke ersetzt werden.

WÜRSTCHEN IM DOPPELTEN SCHLAFROCK

ERGIBT 12 STÜCK

Würstchen im Teig sind in verschiedenen Gegenden des deutsch-sprachigen Raums bekannt und beliebt. Dabei kann sowohl die Art der Würstchen – von Mettwurst bis Siedewurst – als auch die Art des Teigs – von Blätterteig bis Hefeteig – stark variieren. Doppelt eingewickelt sind sie der Knaller.

12 Scheiben Frühstücksspeck
einige Zweige Thymian, Blättchen abgezupft
12 kurze Würstchen, z. B. Cipollata, Siedewürstchen (Schwein, Rind oder Geflügel)
2 EL Olivenöl
2 Lagen Blätterteig
Mehl zum Bestäuben
2 EL scharfer Senf
1 großes Ei, verquirlt
Sesamsaat zum Bestreuen (optional)
Ketchup zum Servieren

Die Speckscheiben nebeneinander auf die Arbeitsfläche legen und mit Thymianblättchen bestreuen. Ein Würstchen ans Ende einer Scheibe legen und einrollen. Mit einem Zahnstocker fixieren. Mit den übrigen Würstchen ebenso verfahren.

Das Olivenöl auf mittlerer bis hoher Stufe in einer Pfanne erhitzen. Die Würstchen darin unter regelmäßigem Wenden 5 Minuten braten, bis der Speck von allen Seiten gebräunt ist und die Würstchen gar sind. Auf einen Teller legen und vollständig abkühlen lassen. Die Zahnstocher entfernen.

Den Backofen auf 200 °C vorheizen. Die Teigblätter auf die leicht bemehlte Arbeitsfläche legen und auf die Größe der Würstchen zuschneiden. Die Teig-stücke sollten etwas schmaler als die Würstchen sein, aber lang genug, um sie einmal zu umwickeln.

Die Teigstücke dünn mit dem Senf bestreichen. Ein Würstchen ans kurze Ende legen und einrollen. Auf ein mit Backpapier ausgelegtes Backblech legen, die Naht nach unten. Mit Ei bestreichen und nach Belieben mit Sesam bestreuen.

20 Minuten im Ofen backen, bis der Teig goldbraun und aufgegangen ist.

Warm mit Ketchup servieren.

HEISSER TIPP

• Du kannst nach Belieben kurz vor Ende der Backzeit noch eine Scheibe Mozzarella als „Decke" auf jeden Schlafrock legen.

TAIWANESISCHES HÄHNCHEN-POPCORN

Diese kleinen goldbraunen Hähnchennuggets sind so unwiderstehlich wie Popcorn. Bei meinem Besuch in Taiwan konnte ich einfach nicht meine Finger davon lassen – wie bei Popcorn eben!

- 500 g Hähnchenkeulen, entbeint und in 2,5 cm dicke Würfel geschnitten
- 3 Knoblauchzehen, abgezogen und fein gehackt
- 2 EL Sojasauce
- 1 TL Zucker
- 2 EL Reiswein
- ½ TL Fünf-Gewürze-Pulver
- 1 großes Ei, verquirlt
- 280 g Süßkartoffelmehl (siehe Tipp auf Seite 32)
- Pflanzenöl zum Frittieren
- 1 große Handvoll Basilikumblätter

GEWÜRZMISCHUNG
- 1 EL gemahlener weißer Pfeffer
- 1 EL Salz
- 1 TL Fünf-Gewürze-Pulver
- ½ TL Chilipulver (optional)

Die Hähnchenstücke in eine große Schüssel geben. Knoblauch, Sojasauce, Zucker, Reiswein und Fünf-Gewürze-Pulver zugeben und alles gut vermischen. Abdecken und 2 Stunden im Kühlschrank marinieren.

Das Ei einrühren, dann die Hälfte des Süßkartoffelmehls zugeben und das Hähnchen gleichmäßig damit überziehen. Das übrige Süßkartoffelmehl in eine Schüssel füllen und die einzelnen Hähnchenstücke darin panieren, überschüssiges Mehl abklopfen. Auf einen Teller legen und 5 Minuten ruhen lassen.

Alle Zutaten für die Gewürzmischung in einer Schüssel vermengen.

Eine Fritteuse oder eine Pfanne mit schwerem Boden bis zur halben Höhe mit Öl füllen und bei mittlerer Temperatur auf 175 °C erhitzen.

Die panierten Hähnchenstücke portionsweise vorsichtig ins heiße Öl geben und 3–4 Minuten frittieren, bis sie goldbraun sind. Mit einem Schaumlöffel herausheben und auf einem mit Küchenpapier unterlegten Kuchengitter abtropfen lassen.

Im selben Öl die Basilikumblätter einige Sekunden frittieren, dann mit dem Schaumlöffel herausnehmen. Die Blätter auf Küchenpapier abtropfen lassen.

Hähnchen und Basilikum auf eine Servierplatte legen, mit der Gewürzmischung bestreuen und vermengen. Sofort heiß servieren.

HEISSER TIPP

• Frittiere am besten immer nur so viele Hähnchenstücke, wie nebeneinander in die Pfanne passen. Ansonsten kleben sie aneinander.

KNUSPRIG GEBRATENE GYOZA

Asiatische Teigtaschen liebe ich über alles, und sie gehören zu meinen Leibspeisen. Diese Gyoza haben eine gedämpfte weiche Hülle und einen knusprigen Boden. Zudem ist das Zubereiten von Teigtaschen für mich äußerst meditativ – ich kann Stunden vor dem Fernseher verbringen und Hunderte von Teigtaschen zubereiten, ohne müde zu werden.

270 g Gyoza-Teigblätter, Tiefkühlware aufgetaut (aus dem Asiamarkt, alternativ Wantan-Teigblätter)
1 EL Reismehl
250 ml Wasser
Pflanzenöl zum Frittieren

KOHL-SCHWEINEFLEISCH-FÜLLUNG

300 g Chinakohl, klein geschnitten
2 TL Salz
500 g Schweinehackfleisch
3 Knoblauchzehen, abgezogen und fein gehackt
1 Stück frische Ingwerwurzel (2 cm), geschält und fein gehackt
2 Frühlingszwiebeln, in feinen Ringen
1 EL Sojasauce
1 EL Sesamöl
1 EL Zucker
1 EL Speisestärke
1 TL gemahlener weißer Pfeffer

DIP

60 ml Sojasauce
60 ml Reisessig
½ TL Chili-Öl
einige Tropfen Sesamöl

Für die Füllung Kohl und Salz in einem Sieb vermengen. 15 Minuten ruhen lassen, bis der Kohl Flüssigkeit zieht. Dann mit den Händen so viel Flüssigkeit wie möglich aus dem Kohl drücken und ihn in eine große Schüssel geben. Die übrigen Zutaten für die Füllung zufügen und alles mit sauberen Händen zu einer gebundenen Masse verarbeiten.

Den Arbeitsbereich vorbereiten. Eine Schüssel mit Wasser, Gyoza-Füllung und die mit einem feuchten Tuch abgedeckten Teigblätter zurechtstellen.

Ein Teigblatt auf ein Schneidebrett legen und ½ Esslöffel Füllung in die Mitte geben. Den oberen Rand mit ein wenig Wasser anfeuchten und den Teig über der Füllung zum Halbkreis zusammenfalten. Den Rand in der Mitte zusammendrücken, dann die Ränder einer Außenseite zur Mitte gerüscht zusammendrücken, auf der anderen Seite ebenso verfahren. Auf ein mit Backpapier ausgelegtes Backblech legen. Mit den übrigen Zutaten ebenso verfahren.

Falls nötig, können die Teigtaschen 1–2 Stunden im Kühlschrank gelagert werden. Aber keinesfalls länger, weil die feuchte Füllung die Teigblätter aufweicht, sodass sie an der Füllung kleben. Alternativ in einem luftdicht schließenden Behälter einfrieren, dabei die Teigtaschen mittels Backpapier voneinander trennen, damit sie nicht zusammenkleben.

Alle Zutaten für den Dip in einer Schale verrühren und beiseitestellen.

Das Reismehl mit dem Wasser verrühren und beiseitestellen.

1 Esslöffel Öl in einer beschichteten Pfanne auf mittlerer Stufe erhitzen. Jeweils 10–12 Teigtaschen gleichzeitig so in die Pfanne legen, dass sie einander nicht berühren. 1–2 Minuten braten, bis die Böden leicht gebräunt sind. Dann 60 ml Reismehlwasser in die Pfanne gießen, aber nicht über die Teigtaschen! Die Pfanne abdecken und die Taschen 5 Minuten garen (TK-Teigtaschen 8–10 Minuten). Den Deckel abnehmen und 2 Minuten weiterbraten, bis sich auf dem Pfannenboden eine knusprig braune Reismehlschicht gebildet hat. Vom Herd nehmen.

Die Reismehlschicht mit den Gyoza vorsichtig mit einem Pfannenwender vom Boden loskochen. Die Pfanne mit einem Teller bedecken und das Ganze mit Schwung wenden, sodass die Gyoza auf dem Teller liegen. Alle Gyoza auf diese Weise garen.

Heiß mit dem Dip servieren.

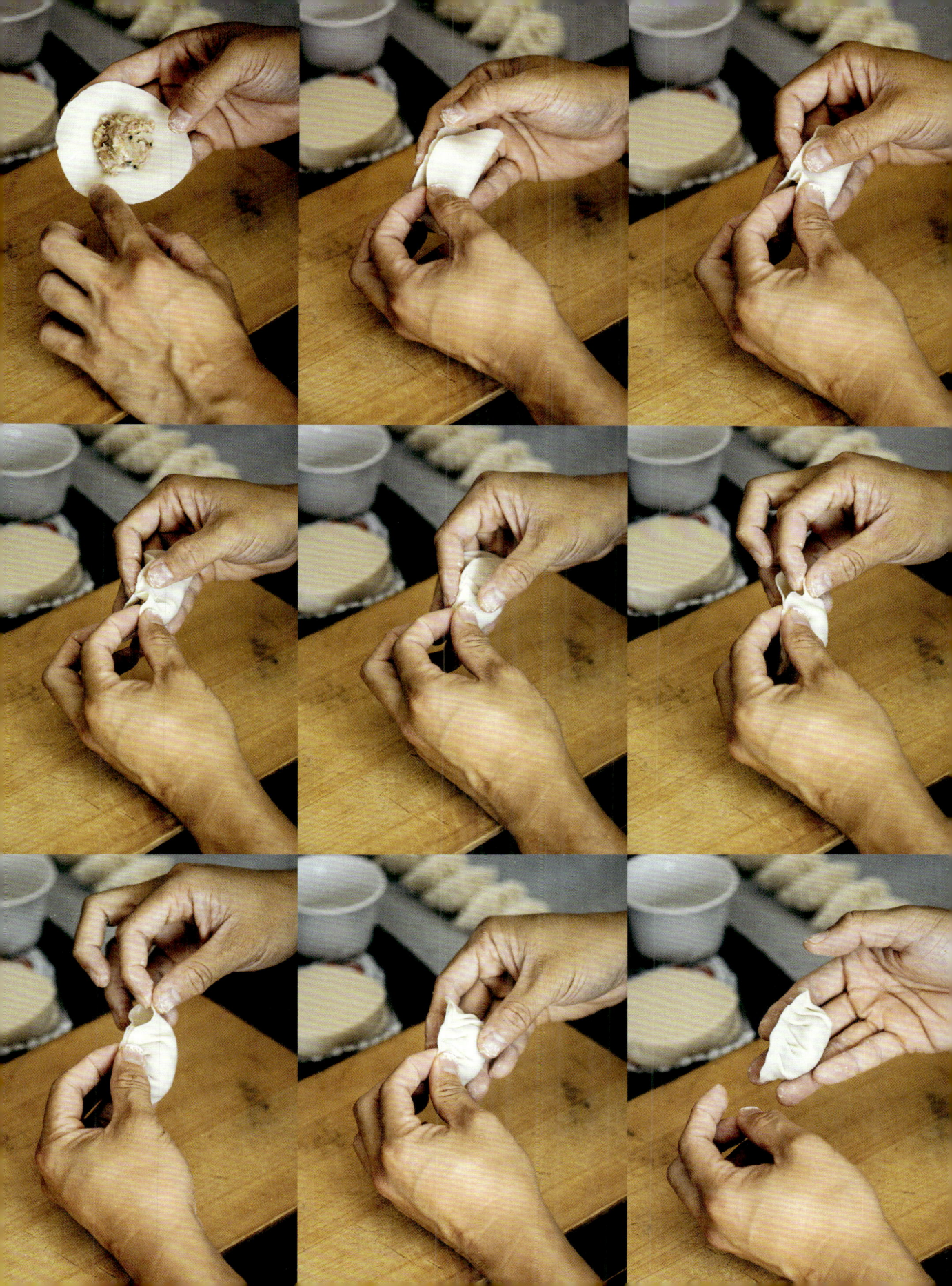

HEISSE TIPPS

• Das Reismehl setzt sich am Boden ab, deshalb unmittelbar vor dem Verwenden erneut durchrühren.

• Das Reiswasser sollte sehr flüssig sein, sonst gibt es in der Pfanne Reisnudeln.

CHICKEN-WINGS MIT INGWER & FRÜHLINGSZWIEBELN

In meiner Studentenzeit habe ich Unmengen an Chicken-Wings gefuttert, denn sie waren lecker und preisgünstig. Dieses Gericht hatte ich immer in petto, weil es so einfach zu machen ist und mit einer Schale Reis eine passable Mahlzeit bildet. Ich hatte immer ein paar Chicken-Wings auf Vorrat im Kühlschrank und wärmte sie bei Bedarf in der Mikrowelle auf. Ich mag sie immer noch gern.

1 kg Hähnchenflügel
60 ml Pflanzenöl, plus etwas mehr zum Braten
1 Stück Ingwerwurzel (3 cm), geschält und fein gehackt
6 Knoblauchzehen, abgezogen und fein gehackt
2 EL Sojasauce
250 ml Mirin (japanischer Kochreiswein, erhältlich im Asiamarkt)
2 EL Zucker
125 ml Reiswein
½ TL frisch gemahlener schwarzer Pfeffer
1 Frühlingszwiebel, in feine Streifen geschnitten

LAKE
1,5 l Wasser
110 g Zucker
65 g Salz

Die Hähnchenflügel mit einem scharfen Messer oder einer Geflügelschere in drei Teile schneiden: fleischiger Oberflügel, Unterflügel und Flügelspitze. Letztere für die Sauce aufbewahren.

Alle Zutaten für die Lake in ein großes Gefäß mit Deckel geben und rühren, bis Zucker und Salz aufgelöst sind. Ober- und Unterflügel hineinlegen. Falls sie nicht vollständig mit Wasser bedeckt sind, etwas mehr Wasser zugießen. Abdecken und mindestens 2 Stunden und höchstens 6 Stunden pökeln, ansonsten wird das Fleisch zu salzig.

Die Hähnchenteile aus der Lake nehmen und trocken tupfen. In eine große Schüssel geben und rundum mit dem Öl einreiben.

Den Backofen auf 150 °C vorheizen. Die Hähnchenteile dicht an dicht in eine mit Backpapier ausgelegte Auflaufform legen, mit Alufolie abdecken und 1 Stunde im Ofen backen. Herausnehmen und abkühlen lassen.

Inzwischen für die Sauce 1 zusätzlichen Esslöffel Öl auf mittlerer Stufe in einer Pfanne erhitzen. Die Flügelspitzen darin 10–15 Minuten braten; dabei gelegentlich wenden, damit sie nicht aneinanderhaften oder anbrennen. Ingwer und Knoblauch zugeben und 1 Minute weiterbraten. Dann Sojasauce, Mirin, Zucker und Reiswein zufügen. Mit einem Pfannenwender angebackene Hähnchenstücke vom Boden loskochen. Die Hitze reduzieren und 30 Minuten offen köcheln lassen.

Die verbliebene Flüssigkeit in eine Schüssel abseihen, die Rückstände im Sieb wegwerfen. Den Pfeffer einrühren und bis zur Verwendung beiseitestellen.

1 Esslöffel Fett aus der Auflaufform auf mittlerer bis hoher Stufe in einer Pfanne erhitzen. Die gebackenen Ober- und Unterflügel darin von jeder Seite 2–3 Minuten braun braten. Etwa 125 ml Sauce unter Rühren zugießen und so lange köcheln lassen, bis die Sauce etwa auf die Hälfte eingekocht ist. Alle Hähnchenteile mit Sauce bedecken und auf einen großen Teller geben. Mit Frühlingszwiebeln garnieren und sofort servieren.

HEISSER TIPP
• Du kannst Sauce und Lake genau wie das Backen in der Auflaufform schon einen Tag im Voraus erledigen und die Chicken-Wings im Kühlschrank aufbewahren. Die Hähnchenteile aber erst kurz vor dem Servieren braten.

POUTINE

Dieses Gericht ist ein kanadisches Nationalgericht und besteht aus Pommes frites, dunkler Bratensauce und Käsestücken. Ich habe Poutine zum ersten Mal an einem Essstand in Melbourne während einer Partynacht probiert und war begeistert.

3–4 festkochende Kartoffeln
½ TL Natron
1 TL farbloser Essig
Pflanzenöl zum Frittieren
grobes Meersalz und frisch gemahlener schwarzer Pfeffer zum Abschmecken
200 g Cheddar curds (siehe Tipp) oder eine Kugel Mozzarella, in Stücke gerupft

BRATENSAUCE
50 g Butter
2 EL Mehl
500 ml Rinderfond
Salz und frisch gemahlener schwarzer Pfeffer

Für die Bratensauce die Butter bei mittlerer Hitze in einem Topf zerlassen. Das Mehl einstreuen und mit einem Holzlöffel 1 Minute ständig rühren, bis das Mehl goldbraun ist. Die Brühe unter ständigem Rühren mit einem Schneebesen in dünnem Strahl zugießen. Dabei darauf achten, dass sich keine Klümpchen bilden. 5 Minuten köcheln lassen, bis die Sauce eindickt. Abschmecken, dann bis zum Servieren warm halten.

Die Kartoffeln abbürsten und trocken tupfen. Mit Schale in etwa 1 cm dicke Stifte schneiden. In einen großen Topf geben und mit Wasser bedecken. Natron und Essig zufügen und bei starker Hitze zum Kochen bringen. 10 Minuten kochen, bis die Kartoffeln gar, aber noch fest sind. Abgießen und zum vollständigen Abkühlen und Trocknen beiseitestellen.

Eine Fritteuse oder eine Pfanne mit schwerem Boden bis zur halben Höhe mit Öl füllen und bei mittlerer Temperatur auf 150 °C erhitzen. Die Pommes frites portionsweise jeweils 5–6 Minuten im heißen Öl frittieren, bis sie innen gar, außen aber noch nicht braun sind. Herausnehmen und auf einem mit Küchenpapier unterlegten Kuchengitter abtropfen lassen.

Die Öltemperatur auf 190 °C erhöhen. Dann die Pommes noch einmal frittieren, bis sie knusprig und goldbraun sind. Herausnehmen und auf einem Kuchengitter ein wenig abkühlen lassen. In eine große Schüssel füllen, vorsichtig salzen und wenden.

Den Backofengrill auf 200 °C vorheizen. Die Pommes frites in eine Auflaufform geben und mit dem Käse bestreuen, dabei einige Stücke zum Garnieren zurücklegen. Dann 5 Minuten im Ofen überbacken, bis der Käse weich, aber noch nicht geschmolzen ist. Aus dem Ofen nehmen. Eine Kelle voll Sauce über die Pommes frites geben, mit den restlichen Käsestücken garnieren und sofort servieren. Die restliche Sauce separat dazu reichen.

HEISSE TIPPS

• Cheese curds sind Bruchstücke von Käse, der in die Reifeform gepresst wird. In Deutschland sind sie noch nicht verbreitet, alternativ kann man auch Halloumi oder Feta nehmen.

• Die Sauce wird sehr dickflüssig, wenn sie lange aufbewahrt wird. Man kann sie dann leicht erhitzen und noch etwas Wasser einrühren.

WÜRZIGE GARNELEN MIT VIER-KÄSE-NACHOS

Ich liebe es, Nachos mit diesen herrlich würzigen Garnelen und der frischen mexikanischen Salsa zu verfeinern. Die Kombi aus vier verschiedenen Käsesorten ist der Hit. Nicht jeder mag Avocados (echt, solche Menschen gibt's), deshalb kommt die Avo einfach in die Mitte. So ist jeder happy: eine echte Win-Win-Situation!

300 g rohe, mittelgroße geschälte Garnelen
4 EL Olivenöl
1 EL Blackening Gewürzmix (siehe unten)
75 g geriebener Mozzarella
60 g geriebener Cheddar
35 g geriebener Parmesan
35 g geriebener Gouda
200 g Tortilla-Chips
½ essreife Avocado
1 Handvoll Korianderblätter

BLACKENING GEWÜRZMIX

1 EL geräuchertes Paprikapulver
2 TL Zwiebelpulver
2 TL Knoblauchpulver
2 TL Salz
1 TL Zucker
1 TL Cayennepfeffer (oder weniger, wenn's dir zu scharf ist)
2 EL gemahlener weißer Pfeffer
1½ TL frisch gemahlener schwarzer Pfeffer
1 EL getrockneter Thymian
1 TL getrockneter Oregano
½ TL gemahlene Muskatnuss
½ TL gemahlener Kreuzkümmel

MEXIKANISCHE SALSA

½ große rote Zwiebel, abgezogen und gewürfelt
2 Tomaten, gewürfelt
1 Handvoll Korianderblätter, grob gehackt
5–6 eingelegte Jalapeño-Chiliringe, fein gewürfelt
Saft von 1 Limette
Salz

Alle Zutaten für den Gewürzmix in ein Schraubglas geben. Verschließen und kräftig schütteln. Bis zur Verwendung trocken lagern. Mit den Resten kannst du Hähnchen oder Meeresfrüchte vor dem Grillen würzen.

Garnelen, 2 Esslöffel Olivenöl und 1 Esslöffel Gewürzmix in einen Gefrierbeutel geben. Verschließen und schütteln, bis die Garnelen rundum mit Gewürzmix überzogen sind. 10 Minuten zum Marinieren beiseitelegen.

Das übrige Olivenöl in einer Pfanne auf mittlerer bis hoher Stufe erhitzen. Die Garnelen darin von jeder Seite 2 Minuten braten, bis sie an den Rändern braun werden. Herausnehmen und beiseitestellen.

Den Backofengrill auf mittlerer Stufe vorheizen.

Die vier Käsesorten in einer großen Schüssel vermengen und beiseitestellen.

Alle Zutaten für die Salsa in einer Schüssel verrühren. Mit Salz abschmecken, nach Belieben mit weiteren Gewürzen abschmecken.

Die Hälfte der Chips in einer großen Auflaufform verteilen und ein Drittel der Salsa darübergeben. Dann mit einem Drittel der Käsemischung bestreuen. Eine weitere Chips-, Salsa- und Käseschicht auftragen, obenauf die Garnelen anrichten. Die Avocadohälfte in die Mitte setzen und die verbliebene Salsa sowie den restlichen Käse darübergeben.

10 Minuten im Ofen überbacken, bis der Käse geschmolzen ist und beginnt, goldbraun zu werden. Aus dem Ofen nehmen und 5 Minuten ruhen lassen. Mit den Korianderblättern garnieren und sofort servieren.

HEISSE TIPPS

• Nicht zu viel von der Salsa-Flüssigkeit auf die Nachos geben, weil sie sich sonst vollsaugen und matschig werden.

• Statt Nachos kannst du natürlich auch Tacos nehmen.

• Bei der Auswahl der vier Käsesorten hast du freie Hand. Du kannst sogar Blauschimmelkäse nehmen.

SCHWEINEÖHRCHEN-CHIPS

Wenn's ums Essen geht, verfolge ich die Philosophie „von der Nase bis zum Schwanz" – alles kann gegessen werden! Wenn du dich mit dem Gedanken anfreunden kannst, etwas zu essen, was du sonst nur als Kauspielzeug für Hunde kennst, dann sind Schweineohren tatsächlich sehr lecker. Als ich mal kurz nicht hinsah, hat mein Partner sich ein paar Chips von meinem Teller stibitzt. Ohne zu wissen, was er aß, sagte er: „Hm, lecker!" Jetzt liebt er sie.

2 Schweineohren (siehe Tipp)
I Schalotte, abgezogen und halbiert
I TL Sichuan-Pfefferkörner
5–6 weiße Pfefferkörner
I Stück frische Ingwerwurzel (5 cm), geschält und in feine Scheiben geschnitten
2 Knoblauchzehen, abgezogen
I EL Sojasauce
5–6 getrocknete rote Chilischoten
I TL farbloser Essig
75 g Mehl
60 g Speisestärke
I Ei, mit 2 EL Wasser verquirlt
Pflanzenöl zum Frittieren
Salz
2 EL Schmand oder Frischkäse
I EL süße Chilisauce

Die Ohren säubern, von Haaren befreien und in einen Topf mit kaltem Wasser legen. Bei mittlerer bis starker Hitze zum Kochen bringen und 5 Minuten kochen. Abgießen und Verunreinigungen entfernen.

Die Ohren in den Topf zurücklegen und mit Wasser bedecken. Schalotten-hälften, Pfefferkörner, Ingwer, Knoblauch, Sojasauce und Chilis zufügen. Bei mittlerer bis starker Hitze zum Kochen bringen und 2 Stunden sanft köcheln lassen, bis die Ohren weich sind. Zum Test ein Messer einstechen, es sollte leicht eindringen. Die Ohren aus dem Wasser nehmen und in den Kühlschrank stellen. Wasser wegschütten und Gewürze entsorgen.

Die Ohren mit dem Essig einreiben und zwischen zwei Backpapierstücke legen. In den Kühlschrank legen und mit einem Gewicht, wie zum Beispiel einer Konservendose, beschweren. Mindestens 2 Stunden, besser über Nacht, im Kühlschrank lassen.

Die Ohren in 5 mm breite und 5 cm lange Streifen schneiden.

Zum Panieren Mehl und Stärke in einer Schüssel vermischen und das Ei in eine zweite Schüssel geben. Die Streifen zunächst in der Mehlmischung wenden, überschüssiges Mehl abklopfen, dann durchs Ei ziehen. Nochmals im Mehl wälzen, überschüssiges Mehl abklopfen und auf einen Teller legen.

Das Pflanzenöl 5 cm hoch in eine Pfanne mit schwerem Boden oder in einen Wok gießen und bei mittlerer Temperatur auf 175 °C erhitzen. Die Ohrenstrei-fen sehr vorsichtig portionsweise ins heiße Öl gleiten lassen und 3–4 Minuten frittieren, bis sie goldbraun und knusprig sind. Dabei sanft im Öl bewegen, damit sie nicht aneinanderhaften. Mit einem Schaumlöffel herausheben und auf einem mit Küchenpapier unterlegten Kuchengitter abtropfen lassen. Salzen, solange sie heiß sind.

Den Schmand in eine Schüssel füllen und mit der Chilisauce beträufeln. Als Dip zu den warmen Schweineöhrchen-Chips servieren.

HEISSER TIPP

• Es ist super wichtig, die Ohren nach dem Kochen in den Kühlschrank zu legen. Es sollte so viel Flüssigkeit wie möglich austreten, sonst spritzen sie beim Frittieren.

FEURIGE KOREANISCHE CHICKEN-WINGS

Jeder, der mich kennt, weiß, dass ich frittiertes Hähnchen liebe. Ich kann meine Liebe gar nicht in Worte fassen, deshalb habe ich mir davon ein Tattoo stechen lassen. Im Ernst! Von all den Hähnchengerichten, die ich verschlungen habe, ist dieses mein absoluter Favorit. Die saftigen Flügel haben eine hauchdünne, ultra-knusprige Kruste und sind mit einer süßwürzigen Chilisauce überzogen.

1,5 kg Chicken-Wings, abgespült und trocken getupft
½ TL Salz
½ TL frisch gemahlener schwarzer Pfeffer
1 Stück frische Ingwerwurzel (1 cm), geschält und fein gehackt
140 g Kartoffelstärke
Pflanzenöl zum Frittieren
1 TL Sesamsaat
1 Frühlingszwiebel, in feinen Streifen

FEURIGE CHILISAUCE
1 EL Pflanzenöl
4 Knoblauchzehen, abgezogen und fein gehackt
2 EL Sojasauce
2 EL Gochujang-Paste (siehe Tipp)
1 EL farbloser Essig
2 EL Zucker

Für die Sauce das Öl in einem Wok auf mittlerer bis hoher Stufe erhitzen und den Knoblauch darin 1 Minute pfannenrühren, bis er duftet. Sojasauce, Chilipaste, Essig und Zucker zugeben und rühren, bis der Zucker aufgelöst ist. 3–4 Minuten köcheln lassen, bis die Sauce auf die Hälfte eingekocht und angedickt ist. Vom Herd nehmen und beiseitestellen.

Die Hähnchenflügel mit einem scharfen Messer oder einer Geflügelschere in drei Teile schneiden: fleischiger Oberflügel, Unterflügel und Flügelspitze. Letztere entsorgen oder eine Brühe daraus kochen. Die Hähnchenteile in eine große Schüssel geben und mit den Händen gründlich mit Salz, Pfeffer und Ingwer vermengen.

Die Stärke in eine Schüssel geben. Die Hähnchenteile darin wenden, dabei die Stärke fest andrücken, überschüssige Stärke abklopfen. Den Vorgang so lange wiederholen, bis keine Stärke mehr übrig ist. 10 Minuten beiseitestellen.

Das Pflanzenöl 5 cm hoch in eine Pfanne mit schwerem Boden gießen, und bei mittlerer Temperatur auf 165 °C erhitzen. Die Hähnchenteile portionsweise von jeder Seite 5 Minuten frittieren. Dabei mit einer Zange gelegentlich wenden und bewegen, damit sie nicht aneinanderhaften. Herausheben und auf einem mit Küchenpapier unterlegten Kuchengitter abtropfen lassen.

Die Öltemperatur auf 180 °C erhöhen. Das Hähnchen erneut portionsweise von jeder Seite 3 Minuten frittieren, bis es goldbraun und super knusprig ist. Herausheben, überschüssiges Öl abtropfen lassen und die Teile in eine große Schüssel geben.

Die gewünschte Menge an Sauce zufügen und das Hähnchen vollständig damit überziehen. Auf einem Servierteller anrichten, mit Sesam bestreuen und mit Frühlingszwiebeln garnieren. Sofort servieren.

HEISSER TIPP
• Gochujang, eine fermentierte rote Chilipaste, gehört zur Grundausstattung der koreanischen Küche. Normalerweise ist sie in roten Dosen in Asiamärkten erhältlich. Weil nicht jeder scharf essen mag, kann man die Sauce auch zum Dippen bereitstellen.

BAK KWA

In den USA ist getrocknetes Schweinefleisch als Snack unter dem Namen
Jerky überaus beliebt. Bak Kwa ist eine süßsalzige chinesische Variante
mit Raucharoma, denn es wird traditionell gegrillt. Der Name klingt
zwar sehr exotisch, doch die Zubereitung ist herrlich einfach. Am
meisten Mühe macht das Besorgen der Zutaten.

1 kg Schweinehackfleisch
(20 % Fettanteil)
100 g Zucker
1 EL Austernsauce
2 EL Sojasauce
1 EL Fischsauce
1 EL Reiswein
1 TL dunkle dickflüssige
Sojasauce
1 TL Fünf-Gewürze-Pulver
½ TL gemahlener weißer Pfeffer
2 EL Honig

Alle Zutaten in eine Schüssel geben und mit den Händen verkneten, bis eine
gleichmäßig glatte, gebundene Masse entstanden ist.

Ein Backblech mit Backpapier auslegen. Mit einem Esslöffelrücken oder einem
Palettmesser die Masse gleichmäßig so dünn wie möglich auf dem Blech verteilen. Eine zweite Lage Backpapier darüberlegen und mit einem Teigroller
3–4 mm dünn ausrollen. Das obere Backpapier abziehen.

Das Fleisch im Kühlschrank mindestens 4 Stunden, am besten über Nacht,
ruhen lassen.

Den Backofen auf 150 °C vorheizen. Die Fleischplatte im Ofen 15 Minuten
garen, dann herausnehmen und vollständig abkühlen lassen. In Quadrate mit
12 cm Seitenlänge schneiden.

Den Holzkohlengrill anheizen. Die Fleischstücke portionsweise von jeder
Seite 2–3 Minuten grillen, bis sie schön braun und leicht angekohlt sind.

Die Bak Kwa können in einem luftdicht verschließbaren Behälter bis zu
1 Woche bei Raumtemperatur gelagert werden. Normalerweise sind sie
allerdings in Sekundenschnelle verschlungen!

HEISSER TIPP

• Wenn du keinen Holzkohlengrill hast oder einfach nicht draußen grillen möchtest,
dann kannst du das Fleisch auch im Backofengrill rösten – allerdings ohne das schöne
Raucharoma.

BURGER

RÖSTI-BURGER MIT SPECK

ERGIBT
2
BURGER

Jetzt verrate ich euch den Clou für die besten Kartoffelrösti überhaupt, die außen schön knusprig braun und innen herrlich luftig weich sind: Waffeleisen. Ganz richtig! Backt die Rösti im Waffeleisen, und sie werden einfach perfekt. Dann belegt sie mit Speck, Spiegelei und Wurstbrät – ein Frühstück für Superhelden!

4 kleine frische grobe
  Bratwürste nach Wahl
4 festkochende Kartoffeln,
  geschält und fein gerieben
3 Eier
1 TL Speisestärke
½ TL Salz
¼ TL frisch gemahlener
  schwarzer Pfeffer
Butter zum Einfetten
2 EL Olivenöl
4 Scheiben Frühstücksspeck

Zunächst für die Pattys das Wurstbrät aus dem Darm in eine Schüssel drücken. Die Masse halbieren, jeweils zu einer Kugel formen und flach drücken. Auf ein mit Backpapier belegtes Backblech legen. Für 1 Stunde in den Kühlschrank stellen.

Die geriebenen Kartoffeln abtropfen lassen. Das restliche Wasser aus den Kartoffeln ausdrücken und die Raspel auf Küchenpapier legen. Sie sollen möglichst trocken sein. In eine Schüssel füllen, ein Ei und Speisestärke einrühren und mit Salz und Pfeffer würzen.

Das Waffeleisen vorheizen und mit Butter einfetten. Wenn das Eisen heiß ist, ein Viertel der geriebenen Karoffeln auf dem Boden des Waffeleisens gleichmäßig verteilen. Den Deckel schließen und 5 Minuten backen. Bei Bedarf mehr Butter auf die Kartoffeln streichen und weitere 5 Minuten backen, bis die Rösti knusprig und goldbraun sind. Auf ein Kuchengitter legen. Die übrige Kartoffelmasse auf dieselbe Weise zubereiten, sodass 4 Rösti entstehen. Warm halten.

Inzwischen 1 Esslöffel Olivenöl auf mittlerer Stufe in einer Pfanne erhitzen. Den Speck und die Pattys unter gelegentlichem Wenden darin braten, bis sie durchgegart und an den Rändern braun sind. Herausnehmen und auf Küchenpapier abtropfen. Das übrige Öl in die Pfanne geben und die verbliebenen zwei Eier zu Spiegeleiern braten.

Zum Servieren Wurst-Pattys, Speck und Spiegeleier jeweils zwischen zwei Rösti legen.

HEISSE TIPPS

• Achte darauf, dass die geriebenen Kartoffeln möglichst trocken sind, ansonsten müssen die Rösti länger garen und sie werden nicht so knusprig.

• Scharfe Sriracha-Sauce gibt dem Ganzen noch einen tollen Kick – wenn du das magst.

RIESEN-BRATWURSTSCHNECKE IN OUTBACK-FLADENBROT

Ich liebe es, über dem Lagerfeuer zu grillen. Man nimmt, was man gerade hat, und verwandelt es in ein rustikales Mahl. Egal was, draußen schmeckt alles besser. Wahrscheinlich hast du noch nie ein australisches Outback-Brot, Damper genannt, gebacken, aber probier's mal. Schneide das Brot auf, lege eine Bratwurstschnecke dazwischen, und du hast ein Gericht, das du mit mehreren teilen kannst.

1 Riesen-Bratwurstschnecke
  (ca. 1 kg)
1 EL Olivenöl
3 große Zwiebeln, abgezogen
  und in feinen Ringen
Salz und frisch gemahlener
  schwarzer Pfeffer
1 EL scharfer Senf
4 Scheiben Cheddar
2 Gewürzgurken, längs halbiert

OUTBACK-FLADENBROT
450 g Mehl
1 Päckchen Backpulver
1 EL frischer, fein gehackter
  Rosmarin
½ TL Salz
1 EL Zucker
100 g Schmalz oder Butter
125 ml Bier

Falls du dieses Rezept über einem Lagerfeuer oder auf dem Holzkohlengrill zubereiten möchtest, dann sorg zunächst dafür, dass das Feuer bei gleichbleibender Temperatur brennt. (Tipps für die Zubereitung zu Hause stehen auf der rechten Seite.)

Die Zubereitung auf dem Feuer erfordert etwas Übung, weil die Temperatur ständig schwankt. Du kannst anfangen, wenn die Kohlen nur noch aschweiß sind und keine Flammen mehr lodern.

Für das Brot Mehl, Backpulver, Rosmarin, Salz und Zucker in einer Schüssel vermengen. Schmalz oder Butter zufügen und alles zu einer feinkrümeligen Mischung verkneten. Langsam das Bier zugießen und mit den Zutaten zu einem groben Teig vermengen. Auf die leicht bemehlte Arbeitsfläche geben und zu einem runden, flachen Laib verkneten. Den Boden eines gusseisernen Lagerfeuertopfes mit Mehl bestäuben und den Laib hineinlegen. Die Oberseite leicht mit Mehl bestäuben und mit einem scharfen Messer ein Kreuz einritzen. Einen Deckel auflegen und den Laib an einem warmen Ort 30 Minuten ruhen lassen.

Den Topf ins Feuer stellen und die Kohlen drumherum verteilen, auch Kohlen auf den Deckel legen. Wenn der Topf von unten zu viel Hitze bekommt, brennt das Brot an. 30 Minuten backen, dann das Brot prüfen. Es sollte goldbraun sein, eine schöne Kruste haben und sich hohl anhören, wenn man gegen den Boden klopft. Sollte dies noch nicht der Fall sein, 10 Minuten weiterbacken und erneut prüfen. Wenn das Brot fertig ist, aus dem Topf nehmen und zum Abkühlen beiseitelegen.

Eine gusseiserne Platte übers Feuer hängen oder den Grill anheizen. Damit die Wurstschnecke nicht auseinanderfällt, zwei zuvor in Wasser eingelegte Holzspieße über Kreuz durch die Wurst stecken. Auf der heißen Platte das Öl erhitzen, den Wurstkringel auf eine Seite und die Zwiebelringe auf die andere Seite legen. Die Wurst 5 Minuten von jeder Seite grillen, bis sie schön braun ist. Die Zwiebeln mit Salz und Pfeffer bestreuen, sobald sie weich und glasig sind.

Zum Servieren das Brot wie ein Burger-Brötchen aufschneiden und die untere Hälfte mit dem Senf bestreichen. Die Wurst darauflegen und die Spieße herausziehen. Käse und Zwiebel darübergeben und die obere Brothälfte auflegen. Den Burger vierteln. Je einen Zahnstocher mit einer Gurkenhälfte in die Mitte stecken. Enjoy!

HEISSE TIPPS

• Zu Hause das Brot wie in der Anleitung zubereiten und 30 Minuten in einem gusseisernen oder Emaille-Topf ruhen lassen. Den Backofen auf 200 °C vorheizen und das Brot auf der untersten Schiene 45–60 Minuten backen, bis der Laib golbbraun ist, eine schöne Kruste hat und sich hohl anhört, wenn man gegen den Boden klopft. Aus dem Ofen nehmen und 10 Minuten ruhen lassen. Auf einem Kuchengitter abkühlen lassen.

• Die Wurst rundum mit dem Öl einpinseln und auf ein mit Backpapier ausgelegtes Backblech legen. Im vorgeheizten Ofen auf der mittleren Schiene 40 Minuten bei 220 °C rösten, bis sie knusprig braun ist.

• Für die Zwiebeln 2 Esslöffel Olivenöl in einer Pfanne auf mittlerer Stufe erhitzen und die Zwiebeln darin 10 Minuten dünsten, bis sie weich und gebräunt sind.

SUPER-SANDWICH MIT PULLED PORK & KÄSENUDELN

Manchmal muss man einfach radikal sein. So habe ich einmal Pulled Pork- und Nudelreste einer Party mit dem kombiniert, was ich noch im Kühlschrank hatte und mir daraus ein getoastetes Sandwich gebaut. So wurde ein neues Rezept geboren. Das Beste bei einem Hangover und für mich definitiv ein Dauerbrenner.

300 g Pulled Pork, z.B. Reste
   von Pulled Pork mit Cola
   (siehe Seite 90)
4 dicke Scheiben Sauerteigbrot
1 EL Barbecue-Sauce
2 Scheiben Cheddar
4 EL Käsenudeln (siehe unten)
weiche Butter zum Bestreichen

KÄSENUDELN
100 g Butter
75 g Mehl
1 l Vollmilch
2 TL Salz
50 g geriebener Parmesan
450 g Hörnchennudeln

Für die Käsenudeln die Butter in einem Topf auf mittlerer Stufe erhitzen. Wenn die Butter schäumt, das Mehl zufügen und 2 Minuten mit einem Schneebesen ständig rühren, bis die Mischung hellbraun ist. Langsam ein Drittel der Milch zugießen, dabei weiterrühren, bis eine dicke Paste entsteht. Ein weiteres Drittel zugießen und weiterrühren, bis die Mischung cremig ist. Den Rest zugießen und alles zu einer dicken, glatten Béchamelsauce ohne Klümpchen verrühren. Salz und Parmesan einrühren. Vom Herd nehmen und beiseitestellen.

Inzwischen gesalzenes Wasser in einem großen Topf bei starker Hitze zum Kochen bringen. Die Nudeln darin etwa 10 Minuten kochen, bis sie al dente sind. Gut abtropfen lassen.

Die Nudeln in die Béchamelsauce geben. Bis zur weiteren Verwendung beiseitestellen und warm halten.

Zum Zusammensetzen das Pulled Pork auf zwei Brotscheiben verteilen. Mit Barbecue-Sauce beträufen und eine Scheibe Käse darauflegen. Darüber je 2 Esslöffel Käsenudeln geben, bis die Brotscheibe großzügig belegt ist. Die beiden übrigen Brotscheiben auflegen. Die Sandwichs oben und unten mit Butter bestreichen.

Eine Pfanne auf mittlerer Stufe erhitzen. Die Sandwiches von jeder Seite 1–2 Minuten goldbraun braten, bis der Käse geschmolzen ist. Sofort servieren.

HEISSE TIPPS

• Sollte die Béchamelsauce zu dickflüssig sein, esslöffelweise mehr Milch einrühren, bis die Sauce fließender Lava gleicht.

• Die übrigen Käsenudeln im Kühlschrank aufbewahren. Am nächsten Tag etwas Käse darüberstreuen und im auf 200 °C vorgeheizten Ofen 40 Minuten backen – bequemer geht's nicht.

FRANCESINHA

Es mag euch überraschen, aber das verrückteste Sandwich überhaupt kommt aus Porto in Portugal und heißt Francesinha (ausgesprochen fran-ßes-ßin-ja), was soviel wie „kleine Französin" bedeutet. Klein ist daran allerdings nichts. Dieses überdimensionale Sandwich wird üppig mit Schinken, Wurst und Fleisch belegt, auf dem eine geschmolzene Käsescheibe thront. Das Ganze wird in einer gehaltvollen Biersauce und mit Pommes frites serviert. Es ist durchaus üblich, dieses Sandwich mit Messer und Gabel zu essen.

2 EL Olivenöl
2 Minuten-Steaks vom Rind oder Schwein
2 frische grobe Bratwürste, z.B. Cipollata
4 Scheiben Vollkorntoast, leicht getoastet
8 Scheiben scharfwürzige Salami
8 Scheiben gekochter Schinken
10 Scheiben Edamer oder Leerdamer

BIERSAUCE

50 g Butter
½ Zwiebel, abgezogen und fein gewürfel
3 Knoblauchzehen, abgezogen und fein gehackt
2 Lorbeerblätter
1 Scheibe Frühstücksspeck
2 EL Tomatenmark
100 ml Weißwein
250 ml Bier
2 EL Speisestärke
200 ml Rinderfond oder Wasser
50 ml Weinbrand
50 ml Portwein

Für die Biersauce die Butter in einem großen Topf bei mittelhoher Hitze zerlassen. Zwiebel, Knoblauch, Lorbeerblätter und Speck darin 2 Minuten dünsten, bis die Zwiebel glasig ist. Tomatenmark einrühren und 1 Minute weiterdünsten. Den Weißwein zugießen. Beim Rühren den Bodensatz loskochen. Das Bier einrühren und den Herd auf mittlere Stufe stellen. 15 Minuten köcheln lassen.

Speisestärke und Fond in einer Schüssel glatt rühren. In die Biersauce gießen, aufkochen und rühren, bis sie eindickt, dann 2 Minuten köcheln lassen.

Speck und Lorbeer herausnehmen und entsorgen. Dann die Sauce mit einem Stabmixer pürieren. Weinbrand und Portwein zugießen und 2 Minuten weiterköcheln lassen. Vom Herd nehmen und bis zur weiteren Verwendung warm halten.

Inzwischen den Backofen auf 200 °C vorheizen.

Das Olivenöl in einer Pfanne auf mittelhoher Stufe erhitzen. Die Steaks darin von jeder Seite 30 Sekunden braten. Aus der Pfanne nehmen und beiseitestellen.

In derselben Pfanne die Würste braten, bis sie von allen Seiten gleichmäßig braun sind. Auf ein Schneidebrett legen und quer halbieren, dann längs halbieren. Beiseitestellen.

Zum Zusammensetzen eine getoastete Brotscheibe in eine kleine Auflaufform legen. 4 Scheiben Salami, 2 Scheiben Schinken, 1 Steak, 4 Stücke Wurst und 2 weitere Scheiben Schinken darauf schichten und mit einer Brotscheibe belegen. Das Sandwich komplett mit Käse bedecken: 4 Scheiben über die vier Seiten legen und 1 Scheibe mittig auflegen.

Die verbliebenen Zutaten ebenso zusammenstellen.

5 Minuten im Ofen überbacken, bis der Käse beginnt zu schmelzen. Aus dem Ofen nehmen, 3 Kellen Biersauce über jedes Sandwich gießen und sofort servieren.

HEISSE TIPPS

• Ganz klassisch wird ein Francesinha mit Pommes frites und gekühltem Bier serviert.

• Die Biersauce hält sich in einem luftdicht verschließbaren Behälter bis zu 3 Tage im Kühlschrank und schmeckt super zu Steak oder Hähnchenschnitzel.

LOBSTER ROLL MIT WASABI

An der Ostküste der USA gibt es reichlich Hummer und Langusten. Kein Wunder also, dass Lobster Rolls (Hummer-Brötchen) dort ein beliebtes und sogar erschwingliches Fastfood sind. Durch das Wasabi erhält das Sandwich einen japanischen Touch.

1 EL Salz plus etwas mehr zum Nachwürzen

2 frische Hummerschwänze mit Schale (à 500 g)

½ Stange Sellerie, in feinen Scheiben

1 grüner Apfel, fein gewürfelt

2 EL Zitronensaft

Schnittlauchröllchen

3 EL Mayonnaise, vorzugsweise japanische Kewpie-Mayonnaise

½ TL japanische Gewürzmischung (Shichimi togarashi, siehe Tipp) plus etwas mehr zum Bestreuen

½ TL Wasabi-Paste

1 EL Rogen vom Fliegenden Fisch (Tobiko, siehe Tipp) plus etwas mehr zum Servieren

frisch gemahlener schwarzer Pfeffer

4 Hot-Dog-Brötchen

Butter zum Bestreichen

Kartoffelchips zum Servieren (nach Belieben)

Einen großen Topf zur Hälfte mit Wasser befüllen und das Wasser bei starker Hitze zum Kochen bringen. Das Salz zufügen und vorsichtig die Hummerschwänze ins kochende Wasser geben. Das Wasser erneut sprudelnd aufkochen, dann die Hitze auf mittlere Stufe reduzieren. 8 Minuten kochen, bis die Hummerschwänze leuchtend rot sind. Herausnehmen und in eine Schüssel mit Eiswasser tauchen. Abtropfen lassen und die Schale aufbrechen. Das Fleisch herausnehmen und in mundgerechte Stücke schneiden.

Sellerie, Apfel, Zitronensaft, Schnittlauch, Mayonnaise, japanische Gewürzmischung, Wasabi und Rogen in einer Schüssel vermengen. Mit Salz und Pfeffer abschmecken. Das Hummerfleisch unterheben.

Eine große Pfanne auf mittlerer Stufe erhitzen. Das Hot-Dog-Brötchen aufschneiden und die Schnittseiten mit Butter bestreichen. Den gebutterten Teil in die heiße Pfanne legen und etwa 2 Minuten goldbraun rösten. Herausnehmen und auf ein Schneidebrett legen.

Jedes Brötchen großzügig mit Hummermischung füllen und mit zusätzlichem Rogen garnieren. Mit japanischer Gewürzmischung bestreuen und sofort servieren. Nach Belieben Chips dazu reichen.

HEISSE TIPPS

• Shichimi togarashi ist eine japanische Gewürzmischung, die aus sieben Zutaten besteht. Man kann sie durch Cayennepfeffer ersetzen.

• Der Rogen vom Fliegenden Fisch wird meist zu Sushi verarbeitet. Beides bekommt man, wie auch die Kewpie-Mayonnaise, in gut sortierten Asiamärkten oder natürlich in japanischen Lebensmittelgeschäften.

• Statt Wasabi schmeckt auch Sriracha-Sauce.

MONSTER-SUBS MIT SCHARFEN FLEISCHBÄLLCHEN

FÜR 4-8 PERSONEN

Warum ein kleines Brötchen machen, wenn du gleich ein ganzes Sub zubereiten kannst? Falls du gerne zockst: Diese tollen Subs sind perfekt für eine lange Game-Nacht mit Freunden.

2 EL Olivenöl
1 großes Baguette (ca. 55 cm lang)
500 g Mozzarella, in feinen Scheiben

FLEISCHBÄLLCHEN

2 Scheiben Weißbrot, Rinde entfernt
60 ml Milch
400 g Rinderhackfleisch
100 g Schweinehackfleisch
1 große Zwiebel
1 großes Ei
3 EL fein gehackte frische Petersilie
6–8 eingelegte Jalapeño-Chiliringe, fein gewürfelt
3 Knoblauchzehen, abgezogen und fein gehackt
25 g geriebener Parmesan
1 TL Salz
½ TL frisch gemahlener schwarzer Pfeffer

SCHARFE ITALIENISCHE SAUCE

1 EL Olivenöl
1 große Zwiebel, abgezogen und fein gehackt
3 Knoblauchzehen, abgezogen und fein gehackt
700 g passierte Tomaten
1 TL Chiliflocken
½ TL Cayennepfeffer
1 TL geräuchertes Paprikapulver
1 EL getrocknete italienische Kräuter
1 TL Salz
½ TL frisch gemahlener schwarzer Pfeffer

Für die Fleischbällchen das Brot in der Milch einweichen, bis es komplett aufgesogen ist. Alle übrigen Zutaten für die Fleischbällchen zufügen und mit der Hand verkneten.

Aus der Masse esslöffelgroße Portionen abnehmen und zu Bällchen formen. Auf ein Tablett legen.

Das Olivenöl in einer großen beschichteten Pfanne auf mittlerer Stufe erhitzen und die Fleischbällchen darin portionsweise jeweils 5 Minuten rundum anbräunen. Herausnehmen und auf einen Teller legen.

Die Sauce ebenfalls in der Pfanne zubereiten. Dafür das Olivenöl auf mittlerer Stufe erhitzen und Zwiebel und Knoblauch darin 3 Minuten dünsten, bis die Zwiebel glasig ist. Alle übrigen Zutaten für die Saucen zufügen. Sollte noch Fleisch am Pfannenboden kleben, dieses mit einem Holzlöffel loskochen.

Die Hitze etwas reduzieren. Die Fleischbällchen inklusive dem ausgetretenen Saft vom Teller hinzufügen. Unter gelegentlichem Rühren 20–30 Minuten sanft köcheln lassen, bis die Sauce auf die Hälfte eingekocht und eingedickt ist.

Den Backofengrill auf mittlerer Stufe vorheizen. Das Baguette in zwei gleich große Stücke schneiden, dann jede Hälfte von oben über die ganze Länge mit einem Messer so tief einschneiden, dass die Fleischbällchen hineinpassen. Das Baguette füllen, großzügig mit der Sauce übergießen und mit dem Mozzarella belegen.

Auf ein Backblech geben und 10–15 Minuten überbacken, bis der Käse geschmolzen und etwas braun ist.

Aus dem Ofen nehmen und jede Baguetthälfte in 2–3 Stücke schneiden. Heiß servieren.

HEISSE TIPPS

• Du kannst das Baguette auch in kleinere Portionen schneiden und jede mit Fleischbällchen füllen – ein super Fingerfood.

• Übrig bleibende Fleischbällchen mit Sauce schmecken auch zu Spaghetti.

MEGA-BURGER MIT SAUCE NACH GEHEIMREZEPT

Ich hoffe, du hast ordentlich Appetit, wenn du diesen Knaben hier zubereitest. Zwischen dem Bun liegt ein supersaftiger Beef-Patty in einer Sauce nach einem Geheimrezept, das dem unter den goldenen Bögen einer Fast-Food-Kette sehr nahekommt. Probier's einfach mal aus!

2 Scheiben gelber Schmelzkäse

2 Burger-Buns mit Sesam, aufgeschnitten und gebuttert

½ Zwiebel, abgezogen und fein gewürfelt

¼ Eisbergsalat, in feine Streifen geschnitten

2 Dillgurken, in Scheiben geschnitten

SAUCE NACH GEHEIMREZEPT

250 g Mayonnaise

1 EL Gurken-Relish, ersatzweise Remoulade

2 TL farbloser Essig oder Essiglake von den Dillgurken

1 Prise gemahlener weißer Pfeffer

2 TL Senf

1 TL Zwiebelpulver

1 TL Knoblauchpulver

½ TL geräuchertes Paprikapulver

Salz

RINDFLEISCH-PATTYS

500 g Rinderhackfleisch

1 Zwiebel, abgezogen und fein gewürfelt

1 TL Salz

Olivenöl zum Einfetten

Alle Zutaten für die Sauce in eine Schüssel geben und verrühren. Abdecken und bis zur Verwendung in den Kühlschrank stellen.

Für die Pattys Hackfleisch, Zwiebel und Salz in einer Schüssel behutsam mischen, aber nicht zu stark kneten. Die Hände mit etwas Olivenöl einfetten. Die Masse halbieren und jeweils zu Kugeln formen. Diese flach drücken oder in einem Pattymaker formen. Auf einen Teller legen und für 1 Stunde in den Kühlschrank stellen.

Eine beschichtete Pfanne auf mittlerer Stufe erhitzen. Die Pattys von beiden Seiten leicht einölen und in die heiße Pfanne geben. Mit dem Daumen in der Mitte eindrücken, damit die Pattys sich nicht zu stark verformen. 2 Minuten braten, dann wenden und von der anderen Seite 2 Minuten weiterbraten. Erneut wenden und eine Minute weiterbraten, dann ist das Fleisch medium-rare.

Jeden Patty mit einer Käsescheibe belegen. Einen winzigen Spitzer Wasser in die Pfanne geben, sofort abdecken und 10 Sekunden dämpfen, bis der Käse zu schmelzen beginnt.

Inzwischen eine weitere Pfanne auf mittlerer Stufe erhitzen. Die Buns darin mit der gebutterten Seite nach unten rösten, bis sie leicht goldbraun sind. Sie sollten gleichzeitig mit den Pattys fertig sein.

Zum Zusammensetzen auf den unteren Bunhälften je 1 Esslöffel Sauce verstreichen, mit Zwiebelwürfeln und Salatstreifen bestreuen. Den Patty und einige Gewürzgurkenscheiben auflegen. Mehr Sauce darübergeben.

Mit den oberen Bunhälften belegen und sofort servieren.

HEISSE TIPPS

• Übrig gebliebene Sauce hält sich bis zu 1 Woche im Kühlschrank und ist eine leckere Frittensauce.

• Aus dem Hackfleisch kann man auch vier dünnere Pattys machen anstatt zwei dicker. Sie garen schneller und du kannst dir einen Double-Burger machen – mit zwei Pattys je Burger!

HÄHNCHEN-BURGER OBEN UND UNTEN OHNE

Ein frittierter Hähnchen-Burger ohne Bun ist für mich ein Traum, den ich mir selbst erfüllt habe. Die Kräuterkruste mit elf Zutaten kann es mit der Panade einer Hähnchen-Fast-Food-Kette locker aufnehmen.

2 Hähnchenbrustfilets
Pflanzenöl zum Frittieren
4 Scheiben Frühstücksspeck
2 Scheiben Schmelzkäse,
   halbiert

BUTTERMILCH-LAKE

500 ml Buttermilch
2 EL Salz
1 EL Zucker
½ TL Cayennepfeffer

SCHARFE MAYO

2 EL Mayonnaise
1 EL Ketchup
1 TL scharfe Sauce, z. B. Sriracha
¼ TL geräuchertes Paprikapulver

KRÄUTER-GEWÜRZ-KRUSTE

300 g Mehl
1 TL Salz
1 TL frisch gemahlener
   schwarzer Pfeffer
2 TL gemahlener weißer Pfeffer
1 TL Selleriesalz
½ TL getrockneter Thymian
½ TL getrocknetes Basilikum
⅓ TL getrockneter Oregano
1 TL Senfpulver
3 TL edelsüßes Paprikapulver
2 TL Knoblauchpulver
1 TL Ingwerpulver

Die Hähnchenbrustfilets auf ein Schneidebrett legen und quer durchschneiden. Die dickeren Stellen der Filets mit einem Fleischhammer bearbeiten, bis das Fleisch gleichmäßig dick ist.

Alle Zutaten für die Buttermilchlake in eine große Schüssel geben und verrühren. Das Hähnchen hineinlegen und vollständig untertauchen. 2 Stunden im Kühlschrank marinieren.

Alle Zutaten für die scharfe Mayo in einem Schüsselchen verrühren und bis zum Gebrauch in den Kühlschrank stellen.

Zum Panieren alle Zutaten für die Kräuter-Gewürz-Kruste in einer großen Schüssel vermengen. 1 Hähnchenstück aus der Marinade nehmen und mit der Hand überschüssige Lake ausdrücken oder abstreifen. Das Fleisch in der Panade wenden, bis es vollständig damit überzogen ist. Überschüssiges Mehl abklopfen. Noch einmal in der Panade wenden, dann das Fleisch auf einen Teller legen. Die übrigen Stücke auf dieselbe Weise panieren und vor dem Frittieren 20 Minuten ruhen lassen.

Das Pflanzenöl 5 cm hoch in einen Wok oder in eine Pfanne mit schwerem Boden gießen, und bei mittlerer Temperatur auf 175 °C erhitzen.

Die Hähnchenstücke portionsweise von jeder Seite 3 Minuten frittieren, bis sie durchgegart und goldbraun sind. Auf einem mit Küchenpapier unterlegten Kuchengitter abtropfen lassen.

Inzwischen eine Pfanne auf mittlerer Stufe erhitzen und den Speck darin sehr knusprig braten. Herausnehmen und auf Küchenpapier abtropfen lassen.

Den Backofengrill auf mittelhoher Temperatur vorheizen. Die Hähnchenstücke auf ein Backblech legen und mit je ½ Käsescheibe belegen. 1 Minute grillen, bis der Käse zu schmelzen beginnt.

Zum Zusammensetzen je 2 Speckscheiben auf den Käse legen. Mit scharfer Sauce bestreichen und mit je einem zweiten Hähnchenstück belegen. Sofort servieren.

HEISSER TIPP

• Wenn du noch eine Ananasscheibe auflegst, hast du ein echtes Hawaii-Feeling

DA MUFFS

Bist du zum Picknick eingeladen? Dann bring doch mal ein sizilianisches Sandwich mit. Es wird aus einem ganzen Brotlaib gemacht, der mit einem saftigen Olivensalat gefüllt und mit Käse und Wurst belegt ist. Dieses Fußball-große Sandwich reicht für eine ganze hungrige Meute, deshalb solltest du auf jeden Fall ein scharfes Messer zum Aufschneiden zur Hand haben. Danach will jeder dein Freund sein.

1 rundes, eher flaches Weißbrot oder Sauerteigbrot
200 g Salami, fein aufgeschnitten
200 g Mortadella, fein aufgeschnitten
100 g Provolone oder Gouda
1 runder Brie (250 g), in dicke Scheiben geschnitten
200 g Coppa oder ein anderer Schinken (siehe Tipp), fein aufgeschnitten

OLIVENSALAT

1 Schalotte, abgezogen und fein gehackt
2 Knoblauchzehen, abgezogen und fein gehackt
220 g grüne Oliven, entsteint und gehackt
140 g Kalamata-Oliven, entsteint und gehackt
100 g geröstete, in Öl eingelegte rote Paprika, grob gehackt
4 in Öl eingelegte Sardellen, fein gehackt
1 EL Kapern, gehackt
2 EL Rotweinessig
1 EL frisch gehackter Oregano
80 ml natives Olivenöl extra
1 TL Chiliflocken
Meersalzflocken
frisch gemahlener schwarzer Pfeffer

Den Olivensalat einen Tag im Voraus zubereiten. Dafür alle Zutaten in einer Schüssel vermengen. Abdecken und über Nacht im Kühlschrank durchziehen lassen.

Das Brot horizontal durchschneiden. Jede Hälfte aushöhlen, dabei einen gut 2 cm dicken Rand stehen lassen. (Das Innere für wunderbare Semmelbrösel trocknen.)

Den Olivensalat auf beide Brothälften gleichmäßig verteilen und mit jeweils der Hälfte von Salami, Mortadella, Provolone, Brie und Schinken belegen. Die beiden Hälften zusammensetzen und den Laib fest in Frischhaltefolie wickeln.

Auf eine Platte legen und mit dicken Kochbüchern oder ähnlichem beschweren, damit der Laib etwas flacher wird.

Mindestens 1 Stunde bei Raumtemperatur ruhen lassen, zwischendurch einmal wenden. Auswickeln und in Stücke schneiden.

HEISSE TIPPS

• Coppa ist eine italienische Schinkenspezialität, die in italienischen Lebensmittelgeschäften oder übers Internet erhältlich ist. Man kann auch Pancetta oder einen anderen luftgetrockneten, durchwachsenen Schinken verwenden.

• Die Sardellen kann man auch weglassen.

• Damit der Salat etwas feuriger wird, kann man auch klein gehackte eingelegte Jalapeño-Chilis untermischen.

FRÜHSTÜCKSFLEISCH KATSU MUSUBI

ERGIBT
8
STÜCK

Dieser Snack stammt aus Hawaii. Als Ost und West vor etwa
30 Jahren aufeinandertrafen, fand Barbara Funamura einen einzigartigen
Weg, um japanischen Sushi-Reis mit einer gegrillten Scheibe
amerikanischem Frühstücksfleisch, Spam genannt, zu kombinieren.
Dieses Rezept erhält durch die knusprig gebratene Fleischscheibe
eine besondere Note.

60 ml Teriyaki-Sauce
150 g Mehl
1 verquirltes Ei
60 g Panko-Semmelbrösel
(japanische Semmelbrösel
aus dem Asiamarkt)
1 Dose Frühstücksfleisch
(340 g, siehe Tipp)
Pflanzenöl zum Braten
3 Nori-Blätter, jedes in 3 Streifen
geschnitten
1 EL Furikake-Gewürzmischung
(siehe Tipp)
125 g japanische Kewpie-
Mayonnaise aus der Tube

SUSHI-REIS
330 g weißer Sushi-Reis
660 ml Wasser
60 ml Reisessig
1 EL Zucker
1 TL Salz

Für den Sushi-Reis den Reis unter fließend kaltem Wasser in einem Sieb
waschen, bis das Wasser klar herausläuft. Den Reis in einen schweren Topf
mit dicht schließendem Deckel geben und das Wasser zugießen. Aufkochen
und 1 Minute sprudelnd kochen, dann die Hitze auf kleinste Stufe reduzieren,
ein sauberes Küchentuch auf den Topf legen und den Deckel fest aufsetzen.
20 Minuten ziehen lassen.

Reisessig, Zucker und Salz in einer Schale verrühren, bis Zucker und Salz
aufgelöst sind.

Den heißen Reis aus dem Topf auf ein mit Backpapier belegtes Backblech
löffeln. Die Essigmischung über den Reis tröpfeln und einarbeiten. Auf
Raumtemperatur abkühlen lassen. Den fertigen Sushi-Reis bis zur weiteren
Verwendung in eine Schüssel geben, mit dem Küchentuch abdecken und
beiseitestellen.

Zum Panieren Teriyaki-Sauce, Mehl, das verquirlte Ei und Panko separat
in vier tiefe Teller füllen. Das Frühstücksfleisch aus der Dose drücken (die
Dose ausspülen) und horizontal in acht gleich dicke Scheiben schneiden.
Eine Scheibe nach der anderen zuerst in der Teriyaki-Sauce wenden, dann
im Mehl wälzen, dabei überschüssiges Mehl abklopfen. Durchs Ei ziehen
und anschließend in den Panko-Bröseln wenden, bis die Scheibe komplett
überzogen ist. Auf eine Platte legen und die übrigen Scheiben panieren. Vor
dem Frittieren 10 Minuten ruhen lassen.

Das Pflanzenöl 3 cm hoch in eine Pfanne mit schwerem Boden oder in einen
Wok gießen, und bei mittlerer Temperatur auf 180 °C erhitzen.

Das panierte Frühstücksfleisch portionsweise von jeder Seite 1 Minute braten,
bis es knusprig goldbraun ist. Mit einem Schaumlöffel herausheben und auf
einem mit Küchenpapier unterlegten Kuchengitter abtropfen lassen.

Die Frühstücksfleischdose abtrocknen und mit einem Stück Frischhaltefolie
auslegen, das an den Seiten überhängt – die Dose bildet die Sushi-Form. 2 Esslöffel Sushi-Reis in die Dose geben, die Folie darüberlegen und den Reis fest
andrücken. Die Folie mit dem fest gepressten Block Sushi-Reis aus der Dose
ziehen. Auf diese Weise acht Blöcke herstellen.

Einen Nori-Streifen mit der glänzenden Seite nach unten auf ein Schneidebrett
legen und einen Reisblock mittig darauf. Den Reis mit Teriyaki-Sauce bestreichen und mit Furikake bestreuen. Eine Frühstücksfleischscheibe drauflegen,
den Nori-Streifen mit etwas Teriyaki-Sauce einpinseln und um den Block
legen. Auf diese Weise acht Blöcke herstellen.

Auf jeden Block mehrere Tupfen Mayonnaise geben und servieren.

HEISSE TIPPS

• Frühstücksfleisch gibt es auch in kleineren 200-g-Dosen, die sich noch besser als Sushi-Form eignen.

• Furikake ist eine japanische Gewürzmischung für gekochten Reis. Man findet sie in Asiamärkten.

LUTHER-BURGER

Ein Cheeseburger zwischen zwei Donuts? Ihr müsst mich für verrückt halten, aber glaubt mir, es schmeckt fantastisch. Niemand weiß, woher dieser Burger wirklich kommt, aber es heißt, dass der Burger nach dem amerikanischen Sänger Luther Vandross benannt wurde, weil es sein Leibgericht war.

8 Donuts (Seite 164–165)
1 EL Olivenöl plus etwas mehr zum Einfetten
8 Scheiben Frühstücksspeck
4 Scheiben Schmelzkäse

GLASUR
2 EL Vollmilch
½ TL Vanilleextrakt
125 g Puderzucker

PAPRIKA-PATTYS
1 kg Rinderhackfleisch
1 große Zwiebel, abgezogen und fein gewürfelt
1½ TL Salz
1 TL frisch gemahlener schwarzer Pfeffer
1 TL gemahlener Kreuzkümmel
1 TL Ingwerpulver
2 TL Knoblauchpulver
1 TL Chiliflocken
2 TL geräuchertes Paprikapulver

Alle Zutaten für die Glasur in einer Schüssel verrühren. Eine Seite jedes Donuts in die Glasur tauchen und auf einem Kuchengitter fest werden lassen.

Alle Zutaten für die Pattys in einer großen Schüssel vorsichtig vermengen, dann vierteln. Zu Kugeln rollen und zu einem 1 cm dicken Patty flach drücken. Auf einem Teller für 1 Stunde in den Kühlschrank legen.

Eine Pfanne auf mitterer Stufe erhitzen und den Frühstücksspeck darin braten, bis er knusprig und braun ist. Herausnehmen und auf Küchenpapier abtropfen lassen.

Die Pattys von beiden Seiten mit etwas Olivenöl einpinseln und zwei Pattys in die heiße Pfanne legen. Mit dem Daumen in der Mitte eindrücken, damit sie sich nicht verformen. 2 Minuten braten, wenden und von der anderen Seite 2 Minuten braten. Erneut wenden und 1 Minute weiterbraten – nun ist der Burger medium-rare.

Jeden Patty mit 1 Scheibe Schmelzkäse belegen, 1 winzigen Spritzer Wasser in die Pfanne geben und sofort den Deckel aufsetzen. 10 Sekunden dünsten, bis der Käse zu schmelzen beginnt. Herausnehmen und warm halten, während die anderen beiden Pattys zubereitet werden.

Zum Zusammensetzen die Donuts mit der glasierten Seite nach oben auf einen Servierteller legen. Jeden mit 1 Burger und 2 Scheiben Frühstücksspeck belegen, dann einen weiteren Donut aufsetzen. Sofort servieren.

HEISSER TIPP

• Falls du dir Sorgen um die Kalorien machst, dann nimm pro Burger nur einen Donut und schneide ihn horizontal durch.

GERÖSTETER SCHWEINBAUCH MIT BIRNEN-KIMCHI

Den perfekten Schweinebauch mit einer ultra-knusprigen Kruste zuzubereiten ist gar nicht so schwierig, wie man vielleicht denkt. Der Trick ist, die Schwarte vor dem Rösten so trocken wie möglich zu halten. Also, ran an den Speck! Schnapp dir ein Knusperbrötchen, beleg es mit ein paar Scheiben saftigem Schweinebauch, würz es mit Birnen-Kimchi, und die Welt ist in Ordnung!

4 Baguette-Brötchen
I kleine Gurke, in feine Scheiben geschnitten
I Bund Koriander

SCHWEINEBAUCH

1,5–2 kg Schweinebauch, Schwarte eingeschnitten (bitte den Fleischer, dies zu erledigen)
3 Knoblauchzehen, abgezogen und fein gehackt
I EL Fünf-Gewürze-Pulver
I EL Salz
2 TL gemahlener weißer Pfeffer
2 TL farbloser Essig
I TL Olivenöl
3 EL Steinsalz
250 ml Gemüsebrühe

BIRNEN-KIMCHI

2 Knoblauchzehen, abgezogen und fein gehackt
I Stück frische Ingwerwurzel (2 cm), fein gehackt
60 ml Fischsauce
4 EL koreanisches scharfes Chilipulver (siehe Tipp)
2 EL Gochujang-Chili-Paste (siehe Tipp)
2 TL Reisessig
2 feste Nashi-Birnen, geschält, entkernt und in dünne Stäbchen geschnitten
I Karotte, in feine Streifen geschnitten
2 Frühlingszwiebeln, nur die grünen Teile, in dünne Streifen geschnitten

Zunächst den Schweinebauch vorbereiten. Mit der Schwartenseite nach unten auf ein Schneidebrett legen. Mit einem scharfen Messer das Fleisch rautenförmig 1 cm tief einschneiden. Knoblauch, Fünf-Gewürze-Pulver, Salz und weißen Pfeffer daraufstreuen und ins Fleisch reiben, bis es vollständig überzogen ist. Das Fleisch wenden und in einen Bräter legen. Den Essig in die Schwarte reiben. Den Bräter in den Kühlschrank stellen und den Schweinebauch ohne abzudecken über Nacht trocknen lassen. Am nächsten Tag aus dem Kühlschrank nehmen, sodass das Fleisch Raumtemperatur annimmt.

Inzwischen für das Birnen-Kimchi Knoblauch, Ingwer, Fischsauce, Chilipulver, Chilipaste und Reisessig in einer Schüssel gründlich verrühren. Nashi, Karotte und Frühlingszwiebeln darin einlegen. Alles gut vermengen. Mit Frischhaltefolie abdecken und 2–3 Stunden bei Raumtemperatur ziehen lassen, erst dann in den Kühlschrank stellen.

Den Backofen auf 240 °C vorheizen. Das Olivenöl in die Schwarte reiben und anschließend mit dem Steinsalz bestreuen. Die Brühe bis zur halben Höhe des Schweinebauchs in den Bräter gießen. Die Schwarte sollte nicht feucht werden. 1½ Stunden im Ofen auf der mittleren Schiene backen. Alle 30 Minuten das Fleisch kontrollieren und den Bräter drehen, sodass das Fleisch gleichmäßig gart und die Schwarte nicht anbrennt.

Den Bräter aus dem Ofen nehmen. Das Fleisch vorsichtig mit zwei Fleischgabeln aus der Brühe auf ein Schneidebrett haben. Das Salz abbürsten, dann den Schweinebauch zurück in den Bräter legen. Falls nötig, mehr Brühe zugießen.

Den Grill im Backofen anheizen und den Schweinebauch darunter auf der obersten Schiene 30 Minuten rösten, bis die Schwarte knusprig ist und Blasen wirft. Alle 15 Minuten kontrollieren und die Form drehen, damit die Schwarte nicht anbrennt.

Den Bräter aus dem Ofen nehmen und das Fleisch 30 Minuten ruhen lassen.

Den Braten aus der Brühe heben, weitere 10 Minuten ruhen lassen, dann in dicke Scheiben schneiden.

Die Brötchen aufschneiden, ohne sie ganz durchzuschneiden. Mit Gurkenscheiben, Korianderblättern, Birnen-Kimchi und je 2 Scheiben Schweinebauch füllen. Sofort genießen!

HEISSE TIPPS

• Das koreanische scharfe Chilipulver Gochugaru findet man in Asiamärkten in der Nähe der Gochujan-Paste.

• Für das Kimchi kann man die Nashi durch einen grünen Apfel ersetzen.

PASTRAMI-REUBEN-SANDWICH

Ich will euch nichts vormachen: Dieses Sandwich kostet euch eine Woche Vorbereitung. Aber es ist der Mühe wert! Denkt nur mal daran, wie Meg Ryan in „Harry und Sally" mitten im überfüllten Diner stöhnte – dann willst du genau das, was sie auch hatte.

2 kg Brisket (Rinderbrust)
125 ml Wasser

GEWÜRZMISCHUNG ZUM EINLEGEN

2 EL schwarze Pfefferkörner
1 EL Gewürznelken
2 EL Senfsamen
2 EL Koriandersamen
2 EL geräuchertes Paprikapulver
2 TL Knoblauchpulver
2 TL Zwiebelpulver
2 EL Chiliflocken
4 Lorbeerblätter, zerkleinert

LAKE

4 l Wasser
240 g grobes Kochsalz
3 EL pinkes Nitrit-Pökelsalz
115 g brauner Zucker
5 Knoblauchzehen, abgezogen
   und zerdrückt
2 EL Gewürzmischung zum
   Einlegen

TROCKENE BEIZE

4 EL frisch gemahlener
   schwarzer Pfeffer
2 EL gemahlener Koriander
1 EL geräuchertes Paprikapulver
1 EL brauner Zucker
2 TL Knoblauchpulver
2 TL Zwiebelpulver

PRO PORTION

2 Scheiben Roggenbrot
Butter zum Bestreichen
Sauerkraut, nach Geschmack
2 Scheiben Schweizer Käse
körniger Senf zum Bestreichen
scharfer Senf zum Bestreichen
Gewürzgurken, halbiert

Die Gewürze zum Einlegen vorbereiten. Pfefferkörner, Nelken, Senf- und Koriandersamen in einer Pfanne ohne Fett bei geringer Hitze 5 Minuten rösten, bis die Gewürze zu duften beginnen. In einem Mörser grob zerstoßen. Die übrigen Gewürze untermengen, dann bis zum Gebrauch in einen luftdicht schließenden Behälter füllen. Die Reste dann beim nächsten Mal aufbrauchen.

Für die Lake das Wasser in einen großen Topf füllen. Kochsalz, Pökelsalz, Zucker, Knoblauch und 2 Esslöffel Gewürzmischung zum Einlegen einrühren. Bei mittelhoher Hitze zum Kochen bringen, dabei so lange rühren, bis Zucker und Salz aufgelöst sind. Vom Herd nehmen und auf Raumtemperatur abkühlen lassen. Dann in einen großen Kunststoffbehälter geben und in den Kühlschrank stellen.

Fett und Sehnen der Rinderbrust entfernen und die Brust in die abgekühlte Lake legen. Beschweren, damit sie vollständig untergetaucht ist. Abdecken und 5 Tage darin marinieren, dabei täglich wenden und die Lake umrühren. Nach 5 Tagen die Rinderbrust herausnehmen und die Lake entsorgen. Den Behälter auswaschen, die Brust hineinlegen und so viel kaltes Wasser angießen, dass sie vollständig bedeckt ist. Wieder in den Kühlschrank stellen und 8 Stunden, besser über Nacht, entsalzen.

Das Fleisch abspülen und trocken tupfen. Die Zutaten für die Beize vermengen. Mit der Hälfte davon eine Seite der Rinderbrust vollständig bedecken. Den Rest auf die andere Seite geben und einreiben. In einen Bräter legen und über Nacht im Kühlschrank beizen.

Am nächsten Tag einen Smoker auf 110–130 °C erhitzen. Die Rinderbrust darin bei indirekter Hitze 2 Stunden smoken, bis die Kerntemperatur an der dicksten Stelle des Fleisches 65 °C beträgt.

Den Backofen auf 135 °C vorheizen. Die Rinderbrust in eine Auflaufform legen und das Wasser zugießen. Die Form mit dem Braten fest in Alufolie wickeln und für 2 Stunden in den Ofen schieben. Herausnehmen und 30 Minuten abkühlen lassen. Die Rinderbrust quer zur Faser in 2 mm dicke Scheiben aufschneiden.

Für das Reuben-Sandwich den Backofengrill vorheizen. Jeweils eine Seite der Brotscheiben buttern und in einer Pfanne bei mittlerer Hitze hellbraun rösten. Die Scheiben mit der gebutterten Seite nach unten auf ein Schneidebrett legen und 1 Scheibe etwa 2,5 cm dick mit Pastrami belegen. Etwas Sauerkraut daraufgeben und mit dem Käse bedecken. Im Ofen grillen, bis der Käse schmilzt. Die andere Brotscheibe mit dem Senf bestreichen und auflegen. Das Sandwich mit einem Zahnstocher fixieren und mit den Gewürzgurken servieren.

HEISSE TIPPS

• Fest in Alufolie gewickelt hält sich
das Pastrami bis zu 1 Woche im
Kühlschrank. Mit Resten kann man
auch Pizza belegen.

• Schön scharf wird es mit ein paar
Spritzern Tabasco oder Sriracha.

HAUPTGERICHTE

GEWÜRZTER BLUMENKOHL MIT SPECK

FÜR
4
PERSONEN

Blumenkohl ist wohl eine der am meisten unterschätzten Gemüsesorten. Einfach nur gekocht, ist er recht langweilig, doch geröstet kann er seine Aromen voll entfalten. Man braucht ihn noch nicht einmal zu zerteilen, am besten einfach den ganzen Kopf mit einer indischen Gewürzpaste überziehen und backen. So zeigt sich der Blumenkohl in neuem Glanz.

I Blumenkohl

250 g griechischer Joghurt plus etwas mehr zum Servieren

abgeriebene Schale und Saft von I Limette

2 TL Chilipulver

I TL Chiliflocken

I TL Currypulver

I EL Knoblauchpulver

I EL gemahlener Kreuzkümmel

2 TL Meersalzflocken

I TL frisch gemahlener schwarzer Pfeffer

2 Scheiben Frühstücksspeck, fein gehackt

Wasser in einem großen Topf bei mittlerer Hitze köcheln lassen. Den Blumenkohl in einen Dämpfer setzen und in den Topf hängen. Mit Deckel 10–15 Minuten dämpfen, bis der Blumenkohl gar ist, aber nicht auseinander-fällt. Aus dem Topf nehmen und auf Raumtemperatur abkühlen lassen.

Den Backofen auf 200 °C vorheizen. Eine Auflaufform mit Backpapier auslegen. Den Strunk des Blumenkohls begradigen, sodass er aufrecht in der Form steht.

Joghurt, Limettenschale und -saft sowie alle Gewürze in einer Schüssel verrühren. Die Marinade über den Blumenkohl löffeln und mit den Händen gleichmäßig auf der Oberfläche verteilen und einreiben. Die Speckstücke darüberstreuen.

45–60 Minuten im Ofen backen, bis die Oberfläche knusprig goldbraun ist.

Aus dem Ofen nehmen, 10 Minuten abkühlen lassen und portionieren. Mit etwas zusätzlichem Joghurt servieren.

HEISSE TIPPS

• Ein Kräuterpesto passt prima zu Blumenkohl.

• Probier dieses Rezept doch auch einmal mit Brokkoli aus!

PULLED PORK MIT COLA

FÜR 8 PERSONEN

Pulled Pork ist eines der einfachsten und leckersten Fleischgerichte, das man sich vorstellen kann. Man gibt einfach nur alles in einen Topf und lässt es 5–6 Stunden im Ofen schmoren – man fühlt sich wie auf rosa Schweinefleischwolken. Ich mag es, wenn Fleisch heiß, süß und saftig ist, sodass alle Geschmacksknospen angesprochen werden und man einfach nicht genug kriegt.

2 säuerliche Äpfel
  (z. B. Granny Smith),
  entkernt und geviertelt
3–4 kg Schweineschulter
  oder -nacken
115 g brauner Zucker
1 TL Salz
1 TL frisch gemahlener
  schwarzer Pfeffer
1 Dose Chipotle-Paprikaschoten
  in Adobo-Sauce (200 g)
1 Dose Cola (330 ml)
250 ml Barbecue-Sauce mit
  Raucharoma

Den Backofen auf 150 °C vorheizen. Die Apfelviertel nebeneinander auf den Boden eines großen Bräters legen.

Die Schweineschulter von Haut und überschüssigem Fett befreien.

Zucker, Salz und Pfeffer in einer Schüssel vermischen und das Fleisch damit einreiben. Das Fleischstück auf die Apfelstücke legen. Die Chipotles inklusive Sauce darübergeben, dann die Cola in den Bräter (nicht übers Fleisch) gießen.

Den Deckel auflegen, den Bräter in den Ofen stellen und das Fleisch 4 Stunden schmoren. Stündlich mit dem Sud übergießen und das Fleischstück insgesamt 2–3 Mal wenden.

Ohne Deckel 2 Stunden weitergaren, dabei das Fleisch gelegentlich wenden, bis es superzart ist. Es sollte sich mit einer Gabel mühelos auseinanderpflücken lassen.

Den Bräter aus dem Ofen nehmen und das Fleisch 15 Minuten in der Sauce ziehen lassen.

Mit einer Gabel in jeder Hand das Fleisch vollständig auseinanderziehen und in den Bratensaft drücken. Die Barbecue-Sauce einrühren.

Das Pulled Pork mit Mais und Krautsalat servieren.

HEISSE TIPPS

• Dieses Rezept ergibt eine ordentliche Menge. Reste kann man bis zu 1 Woche in einem luftdicht schließenden Behälter im Kühlschrank oder bis zu 3 Monate im Tiefkühler aufbewahren.

• Das Fleisch ist bestens geeignet für das Super-Sandwich mit Käsenudeln & Pulled Pork auf Seite 62.

HAUPTGERICHTE 90

MALAYSISCHES HÄHNCHEN IN SATÉ-SAUCE

Jeder liebt Saté-Hähnchen, aber ich finde, es ist an der Zeit, die Fertigsaucen im Regal links liegen zu lassen. Jeder sollte wissen, wie man eine Saté-Sauce zubereitet. Keine Ausreden mehr!

500 g entbeinte, gehäutete Hähnchenschenkel, in mundgerechten Stücken

2 EL Erdnussöl

5–6 Schlangenbohnen, in 5 cm lange Stücke geschnitten

1 große Zwiebel, abgezogen und geviertelt

Salz

1 kleine Gurke, in mundgerechte Stücke geschnitten

gedämpfter Jasminreis zum Servieren

GEWÜRZPASTE

8–10 getrocknete rote Chilischoten, entkernt und 10 Minuten in heißem Wasser eingeweicht

3 Knoblauchzehen, abgezogen

6–8 Schalotten, abgezogen und grob gehackt

2 Stängel Zitronengras, nur die weißen Teile, grob gehackt

1 Stück frische Ingwerwurzel (2 cm), geschält und grob gehackt

1 Stück frische Galgantwurzel (2 cm), geschält und grob gehackt

SATÉ-SAUCE

160 g rohe Erdnusskerne ohne Haut

125 ml Erdnussöl

250 ml Wasser

1 EL Ketjap Manis (siehe Tipp)

2 EL Zucker

½ TL Salz

1 EL Tamarindenpaste

Für die Gewürzpaste die getrockneten Chilis mit 60 ml des Einweichwassers in eine Küchenmaschine geben. Alle übrigen Zutaten zufügen und zu einer feinen Paste pürieren.

Die Hähnchenstücke in eine Schüssel geben. 2 Esslöffel Gewürzpaste zufügen und ins Fleisch einmassieren. Abdecken und mindestens 1 Stunde im Kühlschrank marinieren.

Inzwischen für die Saté-Sauce die Erdnüsse in einer Pfanne unter gelegentlichem Rühren bei geringer Hitze 10 Minuten rösten, bis sie hellbraun sind. Vom Herd nehmen. Die vollständig abgekühlten Erdnüsse in der Küchenmaschine mit der Pulse-Funkion grob hacken. Beiseitestellen.

Das Erdnussöl auf mittlerer Stufe in der Pfanne erhitzen und die verbliebene Gewürzpaste darin unter ständigem Rühren 8–10 Minuten rösten, bis sich das Öl von der Paste abgesetzt hat und die Mischung duftet. Wasser, Ketjap Manis, Zucker, Salz, Tamarindenpaste und zwei Drittel der gehackten Erdnüsse zufügen. Die Hitze auf kleine Stufe stellen und 10 Minuten köcheln lassen. Vom Herd nehmen und bis zur Verwendung beiseitestellen.

Kurz vor dem Servieren die 2 Esslöffel Erdnussöl in einem Wok auf hoher Stufe erhitzen, bis es rauchend heiß ist. Das Hähnchen darin 3 Minuten pfannenrühren, bis es gar und an den Rändern braun ist. Die Bohnen zufügen und 1 Minute weiterrühren. Dann die Zwiebel und 250 ml der Saté-Sauce zugeben. 1 Minute weiterrühren und mit Salz abschmecken. Die Gurke auf einem Servierteller verteilen und das Saté-Hähnchen darauf anrichten. Die übrigen gehackten Erdnüsse darüberstreuen. Mit gedämpftem Jasminreis servieren.

HEISSE TIPPS

• Ketjap Manis ist eine süße indonesische Sojasauce, die in gut sortierten Supermärkten und in jedem Asiamarkt erhältlich ist.

• Die leckere Saté-Sauce hält sich bis zu 1 Woche im Kühlschrank. Du kannst sie auch als Dip zu Hähnchenspießen reichen.

BULDAK – KOREANISCHES FEUERHÄHNCHEN

Dies ist kein Gericht für Mimosen. Wenn du superscharf essen kannst und geschmolzenen Käse magst, ist dieses koreanische Gericht richtig für dich. Lass dich beim ersten Bissen nicht vom milden Käse und Hähnchen täuschen – WUMM! Der Chili haut dich gleich um. Der Trick ist, einfach nicht mit dem Essen aufzuhören.

1 kg entbeinte, gehäutete Hähnchenschenkel

60 ml Wasser

250 g geriebener Mozzarella

1 Frühlingszwiebel, in feinen Ringen (nach Belieben)

2 Romanasalat-Herzen oder 1 Kopfsalat, Blätter gewaschen

gedämpfter Jasminreis zum Servieren

CHILI-INGWER-MARINADE

50 g koreanisches scharfes Chilipulver (siehe Tipp, Seite 81)

2 EL Gochujang-Paste (siehe Tipp, Seite 50)

1 EL Sojasauce

60 ml Pflanzenöl

½ TL frisch gemahlener schwarzer Pfeffer

55 g Zucker

5 Knoblauchzehen, abgezogen und fein gehackt

1 Stück frische Ingwerwurzel (5 cm), geschält und fein gehackt

Die Zutaten für die Marinade in einer Schüssel verrühren.

Das Hähnchenfleisch von Sehnen und Fett befreien und in mundgerechte Stücke schneiden. In die Marinade geben und vollständig damit überziehen. Abdecken und für mindestens 1 Stunde in den Kühlschrank stellen.

Das Hähnchen inklusive Marinade in eine gusseiserne Pfanne oder einen flachen ofenfesten Topf geben. Die Marinadeschüssel mit dem Wasser ausspülen und ebenfalls übers Hähnchen gießen. Abdecken und 20 Minuten bei mittelhoher Hitze köcheln lassen, dabei nach 10 Minuten umrühren.

Den Backofengrill vorheizen. Den Deckel von der Hähnchenpfanne abnehmen, kurz durchrühren und den Käse darüberstreuen – das Hähnchen sollte vollständig bedeckt sein. Die Pfanne 5 Minuten auf der obersten Schiene unter den Grill stellen, bis der Käse braun wird und Blasen wirft.

Aus dem Ofen nehmen und, falls verwendet, mit Frühlingszwiebeln garnieren.

Kleine Portinen der Hähnchenpfanne in Salatblätter einrollen und zu einer Schüssel gedämpftem Jasminreis servieren.

HEISSE TIPPS

• Wer nicht so scharf essen mag, nimmt nur die Hälfte des Chilipulvers.

• Am allerbesten schmeckt das Gericht mit gedämpftem Jasminreis.

DIE BESTEN RÖSTKARTOFFELN ... DER WELT!

FÜR 8 PERSONEN

Eigentlich sind solche Superlative nicht mein Ding, aber diese Röst-kartoffeln sind bombastisch! Das Rezept verrät dir alle Kniffe, wie die Kartoffeln außen superknusprig und innen weich werden. Das Ganze wird mit aromatisiertem Olivenöl abgeschmeckt. Ja, es steht absichtlich im Kapitel „Hauptgerichte" – denn es ist eine vollständige Mahlzeit.

2 l Wasser

1 EL Salz

½ TL Natron

2 kg festkochende Kartoffeln, geschält und grob in Stücke geschnitten

100 ml Olivenöl

1 Handvoll frischer Rosmarin, fein gehackt

5 Knoblauchzehen, abgezogen und fein gehackt

Salz und frisch gemahlener schwarzer Pfeffer

1 Handvoll Petersilie, fein gehackt

Meersalzflocken

Das Wasser in einen großen Topf füllen und bei starker Hitze zum Kochen bringen. Salz, Natron und Kartoffeln hineingeben. Die Hitze auf mittlere Stufe reduzieren und die Kartoffeln 10–15 Minuten köcheln lassen, bis ein eingestochenes Messer leicht herausgezogen werden kann.

Inzwischen für das aromatisierte Öl das Olivenöl in einer Pfanne auf mittlerer Stufe erhitzen. Rosmarin und Knoblauch darin 2 Minuten braten, bis der Knoblauch goldbraun wird. Vom Herd nehmen und das Öl sofort in eine große Metallschüssel sieben, dabei Rosmarin und Knoblauch aufbewahren. Beiseitestellen.

Den Backofen auf 220 °C erhitzen.

Die gegarten Kartoffeln abgießen und 1 Minute beiseitestellen, damit sie tro-cken dampfen können, dann in die Schüssel mit dem aromatisierten Öl geben. Mit Salz und Pfeffer kräftig würzen. Die Kartoffeln im Öl schwenken. In einen Bräter geben.

40 Minuten im Ofen backen, bis die Kartoffeln goldbraun und knusprig sind. Nach der Hälfte der Zeit einmal wenden, damit sie gleichmäßig rösten.

Mit gebratenem Knoblauch und Rosmarin in eine Servierschüssel füllen. Die Petersilie unterheben. Mit Meersalzflocken bestreuen und sofort servieren.

HEISSE TIPPS

• Wenn du die Kartoffeln mit Schale zubereitest, werden sie noch knuspriger.

• Wenn es dir zu umständlich ist, dann lass das Aromatisieren weg und schwenke die Kartoffeln nur in gutem Olivenöl.

HÄHNCHENCURRY IM BROT

Dieses Gericht habe ich in meiner Heimatstadt in Malaysia entdeckt, und es war eine Offenbarung. Was für eine geniale Art, Hähnchencurry zu servieren – in einem Brotlaib! Man kann kleine Stücke abbrechen und in die Sauce dippen. Dieses Gericht macht echt was her, wenn man es vor den Augen der Gäste aus dem Ofen nimmt und serviert.

1 Poularde (ca. 1,5 kg), in 16 Stücke geschnitten
2 TL Salz
60 ml Pflanzenöl
1 Dose Kokosmilch (400 ml)
einige Curryblätter
2 Sternanise
300 g Drillinge, abgebürstet und halbiert
Salz und Pfeffer
1 verquirltes Ei
Sesamsaat zum Bestreuen

CURRYPASTE
8–10 getrocknete rote Chilischoten, entkernt und 10 Minuten in heißem Wasser eingeweicht
3 große frische rote Chilischoten, grob gehackt
10 Schalotten, abgezogen und grob gehackt
5 Knoblauchzehen, abgezogen
1 Stück frische Ingwerwurzel (5 cm), geschält und in feinen Scheiben
1 Stück frische Kurkumawurzel (2–3 cm), geschält und in feinen Scheiben
10 Kemirinüsse (siehe Tipp)
2 Stängel Zitronengras, nur die weißen Teile, in feinen Ringen
1 dünne Scheibe Belachan-Garnelenpaste (5 g), geröstet (siehe Tipp, Seite 106)

VORTEIG
60 ml Wasser
60 ml Vollmilch
2 EL Brotmehl (Type 1050)

Für die Currypaste die getrockneten Chilis mit 2 Esslöffeln Einweichwasser in die Küchenmaschine geben. Die übrigen Zutaten zufügen und alles zu einer feinen Paste pürieren.

Die Poulardenstücke in eine große Schüssel geben. 2 Esslöffel Currypaste zufügen und den Rest für die Sauce verwenden. Mit 2 Teelöffeln Salz bestreuen und das Fleisch vollständig damit einreiben. Abdecken und mindestens 1 Stunde im Kühlschrank marinieren.

Das Pflanzenöl in einem Wok oder in einem großen Topf auf mittlerer Stufe erhitzen. Die übrige Currypaste unter ständigem Rühren darin 10 Minuten braten, bis das Öl sich abgesetzt hat und die Mischung duftet. Das Geflügel zufügen und 5 Minuten pfannenrühren.

Kokosmilch, Curryblätter und Sternanise einrühren. Die Hitze auf kleine Stufe reduzieren, abdecken und 20 Minuten köcheln lassen.

Die Kartoffeln zugeben, abdecken und weitere 20 Minuten köcheln. Mit Salz und Pfeffer abschmecken, vom Herd nehmen und auf Raumtemperatur abkühlen lassen.

Die komplette Currymischung in einen Bratschlauch füllen. Bevor der Schlauch verknotet wird, die Luft herausdrücken. Überstehenden Kunststoff abschneiden und das Ganze beiseitestellen.

Für den Vorteig alle Zutaten in einen kleinen Topf geben und unter ständigem Rühren auf mittlerer Stufe 3 Minuten erhitzen, bis keine Klümpchen mehr vorhanden sind und die Mischung schön dick ist. Mit einem Silikonspatel in eine kleine Schüssel füllen und direkt auf die Oberfläche Frischhaltefolie legen, damit sich keine Haut bilden kann. Auf Raumtemperatur abkühlen lassen.

Für das Brot Mehl, Milchpulver, Zucker, Salz und Hefe in einer Schüssel mit einem Holzlöffel vermengen. In einer zweiten Rührschüssel Milch, Ei, zerlassene Butter und den abgekühlten Vorteig mit dem Handmixer glatt rühren und zur Mehlmischung gießen. Den Knethaken in den Mixer einsetzen und bei geringer Geschwindigkeit alles verkneten. Zunächst ist die Masse sehr feucht. Wenn sich alle Zutaten verbunden haben, die Geschwindigkeit auf mittlere Stufe erhöhen und 15–20 Minuten weiterkneten, bis der Teig weich und elastisch ist und nicht mehr an der Schüssel haftet.

BROTTEIG

450 g Brotmehl (Type 1050) plus etwas mehr zum Bestäuben
2 EL Milchpulver (nach Belieben)
55 g Zucker
1 TL Salz
1 Päckchen Trockenhefe (7 g)
125 ml lauwarme Vollmilch
1 großes Ei
60 g Butter, zerlassen

Die Schüssel mit Frischhaltefolie abdecken und den Teig an einem warmen Ort 1 Stunde gehen lassen, bis sich das Volumen verdoppelt hat.

Den Teig auf der mit Mehl bestäubten Arbeitsfläche zu einer Kugel formen. Zu einem 20 cm x 40 cm großen Rechteck ausrollen, das in der Mitte 3 mm und außen etwa 1 cm dick ist. Den Teig auf ein mit Backpapier ausgelegtes Backblech legen.

Den Bratschlauch mit dem Hähnchencurry mit der Öffnung nach oben in die Mitte des Teigs legen. Die kurzen Seiten des Teigs über den Schlauch legen. Dann die langen Seiten darüberklappen und durch Andrücken verschließen.

Die Oberfläche des Brots mit verquirltem Ei bestreichen, dann mit Sesamsaat bestreuen. Den Teig weitere 40–50 Minuten gehen lassen, bis er aufgegangen ist.

Inzwischen den Backofen auf 200 °C vorheizen. Das Brot auf der mittleren Schiene 30 Minuten im Ofen backen.

Die Hitze auf 180 °C reduzieren und weitere 10 Minuten backen.

Aus dem Ofen nehmen und 10 Minuten ruhen lassen. Dann oben einen Deckel abschneiden und mit einer Schere den Schlauch aufschneiden. Sofort servieren.

HEISSE TIPPS

• Kemirinüsse werden in der asiatischen Küche zum Andicken verwendet, insbesondere in Currys. Man bekommt sie in Asiamärkten. Man kann auch Macadamias oder rohe Cashews verwenden.

• Der Boden des Brots ist nicht durchgegart, weil das Curry daraufliegt. Deshalb sollte die Mitte des Teigs so dünn wie möglich sein. So ist der meiste Teig an den Seiten und oben. Diese Stellen sind nach dem Backen weich und fluffig. Den Teig vom Boden am besten nicht essen.

BANH XEO MIT KRÄUTERN UND NUOC-CHAM-DIP

FÜR 4 PERSONEN

Vietnamesische Pfannkuchen heißen „Banh Xeo", was so viel bedeutet wie „brutzelnder Kuchen", denn der Reisteig brutzelt, wenn er in die Pfanne kommt. Für die Zubereitung eines guten Banh Xeo braucht man etwas Fingerspitzengefühl, damit der Teig schön dünn und knusprig ist und Schweinebauch und Garnelen gerade eben durch sind. Auf jeden Fall gehören jede Menge frische Kräuter und Nuoc-Cham-Dip dazu. Da läuft mir sofort das Wasser im Munde zusammen!

300 g Schweinebauch, in 5 cm breiten Streifen
15–20 rohe Garnelen (ca. 300 g), geschält und entdarmt
Salz und frisch gemahlener schwarzer Pfeffer
1 große Zwiebel, abgezogen und in feinen Ringen
Pflanzenöl zum Braten
3 Frühlingszwiebeln, in feinen Ringen
250 g Bohnensprossen
1 Romanasalat-Herz, Blätter gewaschen und getrennt
1 Bund frische Minze, Blätter abgezupft
1 Bund Koriander
1 Bund Vietnamesische Perilla (siehe Tipp), Blätter abgezupft

KURKUMATEIG
350 g Reismehl
½ TL Salz
1 TL gemahlene Kurkuma
300 ml gekühltes Bier
1 Dose Kokosmilch (400 ml)

NUOC-CHAM-DIP
60 ml Fischsauce
125 ml Wasser
1 EL Limettensaft
55 g Zucker
1 Knoblauchzehe, abgezogen und fein gehackt
1 Vogelaugenchilischote, fein gehackt

Für den Teig Reismehl, Salz und Kurkuma in einer großen Schüssel vermengen. Bier und Kokosmilch zugießen und alles glatt rühren. Abdecken und für 1 Stunde in den Kühlschrank stellen.

Inzwischen Schweinebauch und Garnelen mit Salz und Pfeffer bestreuen und für 1 Stunde in den Kühlschrank stellen.

Für den Nuoc-Cham-Dip Fischsauce, Wasser, Limettensaft und Zucker in einem Topf auf mittlerer Stufe erhitzen, aber nicht kochen. Rühren, bis der Zucker aufgelöst ist, dann vom Herd nehmen und abkühlen lassen. Knoblauch und Chili einrühren und bis zur Verwendung beiseitestellen.

Eine beschichtete Pfanne auf mittlerer Stufe erhitzen. Einige Scheiben Schweinebauch darin von beiden Seiten 2–3 Minuten knusprig braten. 1 kleine Handvoll Zwiebeln und einige Garnelen zugeben und 1 Minute weiterbraten.

1 Esslöffel Pflanzenöl in die Pfanne geben und erhitzen. Eine Schöpfkelle Teig hineingeben und durch Schwenken der Pfanne gleichmäßig darin verteilen. Einige Frühlingszwiebelringe auf den Pfannkuchen streuen, die Pfanne abdecken und den Pfannkuchen 2–3 Minuten garen. Den Deckel abnehmen und ein Viertel der Bohnensprossen auf eine Hälfte des Pfannkuchens geben. So lange backen, bis der Boden des Pfannkuchens trocken und knusprig ist. Den Pfannkuchen mit einem Pfannenwender über den Sprossen zusammenklappen und auf einen Servierteller legen. Warm halten. Auf diese Weise drei weitere Pfannkuchen zubereiten. Heiß mit Salatblättern, Kräutern und Nuoc-Cham-Dip servieren.

HEISSE TIPPS

• Perilla ist auch auch unter dem japanischen Namen Shiso bekannt und schmeckt leicht nach Anis. Falls sie nicht erhältlich ist, einfach weglassen. Kein Beinbruch!

• Dieses Rezept ergibt eine Menge Teig. Er lässt sich gut im Kühlschrank aufbewahren, sodass man am nächsten Tag noch etwas davon hat. Es ist wichtig, eine beschichtete Pfanne zu verwenden, damit der Pfannkuchen nicht anhaftet. Eine schwere gusseiserne Pfanne ist eine Alternative.

• Die Pfannkuchen sollten so schnell wie möglich gegessen werden, weil sie sonst nicht mehr knusprig sind.

CHICAGO-PFANNENPIZZA

Falls du mal nach Chicago kommst, musst du unbedingt diese Pfannenpizza probieren. Sie ähnelt zwar eher einem Pie als einer Pizza – ein knuspriger Boden mit einer dicken Schicht Fleischbällchen-Tomatensaucen-Füllung und Mozzarella obenauf. Ein Gedicht!

Olivenöl zum Braten
300 g geriebener Mozzarella
25 g geriebener Parmesan

GRIESS-PIZZATEIG

250 ml lauwarmes Wasser
1 Päckchen Trockenhefe (7 g)
1 EL Zucker
375 g Mehl plus etwas mehr
   zum Bestäuben
60 g Grieß plus etwas mehr
   zum Bestäuben
½ TL Salz
2 EL Olivenöl

KLASSISCHE FLEISCHBÄLLCHEN

2 Scheiben altbackenes
   Weißbrot, Rinde entfernt
2 EL Vollmilch
400 g Rinderhackfleisch
100 g Schweinehackfleisch
2 Knoblauchzehen, abgezogen
   und fein gehackt
2 Petersilienstängel, fein gehackt
1 Ei
1 große Zwiebel, abgezogen und
   fein gewürfelt
1 TL Salz
½ TL frisch gemahlener
   schwarzer Pfeffer

ROTWEIN-TOMATEN-SAUCE

1 Zwiebel, abgezogen und fein
   gewürfelt
3 Knoblauchzehen, abgezogen
   und fein gehackt
125 ml Rotwein
700 g passierte Tomaten
2 TL getrocknete italienische
   Kräutermischung
½ TL Chiliflocken
1 TL Salz
frisch gemahlener schwarzer
   Pfeffer

Für den Pizzateig Wasser, Hefe und Zucker in einer Schüssel verrühren und 10 Minuten ruhen lassen, bis sich Blasen an der Oberfläche bilden.

Mehl, Grieß und Salz in eine Schüssel geben und mit dem Handmixer mit Knethaken verrühren. Olivenöl und Hefeansatz zugeben und auf kleiner Stufe 5 Minuten zu einem geschmeidigen Teig verarbeiten. Die Schüssel mit Frischhaltefolie abdecken und den Teig 1–2 Stunden an einem warmen Ort gehen lassen, bis sich das Volumen verdoppelt hat.

Inzwischen für die Fleischbällchen das Brot in einer großen Schüssel in der Milch einweichen. Die übrigen Zutaten zufügen und mit der Hand verkneten.

Aus der Fleischmasse teelöffelgroße Portionen abstechen und zu Bällchen rollen. 80 ml Olivenöl in einer Pfanne auf mittlerer Stufe erhitzen. Die Fleischbällchen ins heiße Öl geben und 2–3 Minuten braten, bis sie rundum gebräunt sind. Herausnehmen und auf Küchenpapier abtropfen lassen.

Die Tomatensauce in derselben Pfanne zubereiten. Zwiebel und Knoblauch im noch vorhandenen Öl 2 Minuten glasig dünsten. Den Wein zugießen und mit einem Holzpfannenwender anhaftende Fleischstücke vom Boden loskochen. Die passierten Tomaten zugeben und mit Kräutern, Chiliflocken, Salz und Pfeffer würzen. Umrühren, die Hitze auf kleine Stufe reduzieren und alles 20–30 Minuten ohne Deckel köcheln lassen, bis die Sauce schön eingedickt ist. Vom Herd nehmen und vollständig abkühlen lassen.

Den Backofen auf 220 °C vorheizen und ein Kuchengitter auf die unterste Schiene schieben. Die Innenseite einer gusseisernen oder ofenfesten Pfanne mit schwerem Boden (24 cm Durchmesser) mit ein wenig Olivenöl einfetten. Etwas Grieß hineinstreuen und die Pfanne so lange schwenken, bis der Boden gleichmäßig überzogen ist. Überschüssigen Grieß entsorgen.

Wenn der Teig aufgegangen ist, auf der leicht bemehlten Arbeitsfläche kneten und zu einer runden, weichen Kugel formen. Mit einem scharfen Messer halbieren. Eine Hälfte in Frischhaltefolie wickeln und für eine andere Gelegenheit einfrieren. Die andere Hälfte zu einem Kreis von 30 cm Durchmesser ausrollen. Den Teig in die ausgestreute Pfanne geben und an Rand und Boden drücken, damit keine Lufteinschlüsse entstehen. Am Rand überstehenden Teig abschneiden, man braucht aber nicht zu genau zu sein.

Die Hälfte des Mozzarellas auf den Pizzaboden geben. Mit Fleischbällchen belegen und mit dem restlichen Mozzarella bestreuen. 250 ml Tomatensauce gleichmäßig darübergießen, bis alles vollständig bedeckt ist, bei Bedarf mehr. Mit dem Parmesan abschließen.

30–35 Minuten im Ofen backen, bis die Kruste goldbraun ist. Falls der Teig zu schnell bräunt, mit Alufolie abdecken. Aus dem Ofen nehmen und vor dem Servieren 5 Minuten ruhen lassen.

HEISSE TIPPS

• Die Pizza hält sich in einem luftdicht schließenden Behälter bis zu 5 Tage im Kühlschrank. In Alufolie wickeln und 15–20 Minuten bei 150 °C aufwärmen, bis die Kruste wieder knusprig ist.

• Wenn Tomatensauce übrig bleibt, kann man sie gut für Pasta verwenden.

SINGAPUR-CHILI-KREBSE MIT MANTOU-KLÖSSEN

FÜR 4 PERSONEN

Viele Leute mögen keine Krebse, weil sie etwas schwierig zu essen sind. Für mich besteht der größte Spaß darin, mit den Händen zu essen und die Sauce aufzuschlürfen. Wenn du mal ein Krebsgericht ausprobieren möchtest, dann mach Singapur-Chili-Krebse, die Königin der Krebsgerichte. Bereite vorsorglich genug frittierte Mantous zu, damit du die süßscharfe Sauce gut auftunken kannst.

2 große frische Taschenkrebse
(à 1 kg, siehe Tipp)
Pflanzenöl zum Braten
250 g passierte Tomaten
250 ml Fischfond
2 EL Zucker
1 EL farbloser Essig
2 EL Sojasauce
12 tiefgefrorene Mantou-Klöße
(siehe Tipp), aufgetaut auf
Raumtemperatur
2 EL Speisestärke mit 2 EL
Wasser verrührt
1 Ei, leicht verquirlt
2 Frühlingszwiebeln, in 5 cm
lange Stücke geschnitten
1 große rote Chilischote,
in feine Ringe geschnitten
1 Handvoll Korianderblätter

CHILIPASTE

1 dünne Scheibe Belachan-
Garnelenpaste (ca. 5 g),
geröstet (siehe Tipp)
1 große Zwiebel, abgezogen und
grob gehackt
5 Knoblauchzehen, abgezogen
6 große rote Chilischoten,
entkernt

Um die Krebse vorzubereiten, den Schmutz abreiben. Den Hinterleib (dreieckiger Teil) an der Unterseite anheben, dadurch kann man den oberen Panzer abziehen. Die fedrigen Kiemen und den Maulbereich entfernen. Mit einem Küchenbeil den Krebs in der Mitte zerteilen und jedes Teil noch einmal zerteilen. Die beiden Scheren abdrehen und den Panzer mit der Rückseite des Beils aufknacken. (Oder bitte den Fischhändler, den Krebs zu zerlegen.). Bis zur weiteren Verarbeitung beiseitelegen.

Für die Chilipaste alle Zutaten in eine Küchenmaschine geben. 2 Esslöffel Wasser zufügen und alles zu einer glatten Paste pürieren.

60 ml Pflanzenöl in einem Wok oder großen Topf auf mittlerer Stufe erhitzen. Die Chilipaste darin unter ständigem Rühren etwa 5 Minuten braten, bis das Öl sich von der Paste abgesetzt hat. Passierte Tomaten, Fond, Zucker, Essig und Sojasauce einrühren und alles zum Kochen bringen. Die Krebsstücke unterheben. Abdecken, die Hitze auf kleine Stufe reduzieren und 15 Minuten köcheln lassen, bis der Krebs gar ist.

Inzwischen eine Fritteuse oder einen großen schweren Topf zur Hälfte mit Pflanzenöl füllen und bei mittlerer Temperatur auf 170 °C erhitzen. Die Mantou-Klöße darin portionsweise 1–2 Minuten golden frittieren. Herausnehmen und auf Küchenpapier abtropfen lassen.

Die gegarten Krebse mit einer Küchenzange auf eine Servierplatte legen. Den Herd auf mittelhohe Stufe stellen und die Stärkemischung in die Sauce rühren. Beim Rühren das Ei zugeben, sodass sich feine Fäden bilden. Die Frühlingszwiebeln untermischen. Die Sauce abschmecken und bei Bedarf nachwürzen.

Die Sauce über die Krebse gießen und mit Chiliringen und Korianderblättern garnieren. Sofort mit den heißen Mantou zum Auftunken der leckeren Sauce servieren.

HEISSE TIPPS

• Wenn du lebende Krebse gekauft hast, musst du sie zunächst eine Stunde ins Gefrierfach legen oder in sprudelnd kochendem Wasser töten.

• Mantou-Klöße, auch bekannt als chinesische gedämpfte Klöße, bekommt man in Asiamärkten.

• Belachan ist eine stark riechende Garnelenpaste, die in der südostasiatischen Küche verwendet wird. Teilweise kann man sie noch tagelang riechen, deshalb sollte die Küche gut belüftet sein. Sei also gewarnt! Um Belachan zu rösten, wickle die Paste in Alufolie und leg sie bei geringer Hitze in eine Pfanne. 10 Minuten rösten, bis sie fast trocken ist.

CURRY-PASTYS MIT BRATENRESTEN

ERGIBT
4
PASTYS

Pastys sind eigentlich eine Spezialität aus Cornwall. Sie sind ideal, um Reste von Festtagsbraten zu verwerten. Malaysische Currys haben bei der Füllung Pate gestanden. Mach ein paar mehr und frier sie ein für Regentage.

1 verquirltes Ei zum Bestreichen
Sesamsaat zum Anrichten
(nach Belieben)

PASTETENTEIG

450 g Mehl plus etwas mehr zum
Bestäuben der Arbeitsfläche
2 TL Backpulver
1 TL Salz
125 g kalte Butter, gewürfelt
2 Eigelb
190 ml eiskaltes Wasser

CURRYFÜLLUNG

2 EL Olivenöl
2 große Zwiebeln, abgezogen
und grob gehackt
3–4 große Kartoffeln (ca. 400 g
insgesamt), geschält und in
kleinen Würfeln
250 ml Wasser
500 g Schinken- oder Puten-
braten, in kleinen Würfeln
2 EL Currypulver
1 TL gemahlener Kreuzkümmel
1 TL gemahlener Koriander
1 TL Chilipulver
Salz und frisch gemahlener
schwarzer Pfeffer

Für den Teig Mehl, Backpulver, Salz, Butter und Eigelb in die Küchenmaschine geben. So lange jeweils 2 Sekunden mit der Pulse-Funktion kneten, bis ein feinkrümeliger Teig entstanden ist. Das Wasser in einem dünnen Strahl zugießen, dabei mit der Pulse-Funktion weiterkneten, bis der Teig bindet. In Frischhaltefolie wickeln und für 1 Stunde in den Kühlschrank legen.

Inzwischen für die Füllung das Olivenöl in einem Wok oder einem großen Topf auf mittlerer Stufe erhitzen. Zwiebel und Kartoffeln darin 2 Minuten braten, bis die Zwiebel glasig ist. Das Wasser zugießen und unter gelegentlichem Rühren ohne Deckel 10–15 Minuten kochen, bis die Kartoffeln weich sind und das Wasser verdunstet ist. Fleisch und Gewürze zugeben, mit Salz und Pfeffer abschmecken und 5 Minuten unter Rühren garen, bis die Mischung fast trocken ist.

Vom Herd nehmen und zum vollständigen Abkühlen beiseitestellen.

Den Backofen auf 180 °C vorheizen. Den gekühlten Teig auf der bemehlten Arbeitsfläche 5 mm dick ausrollen. Einen Teller mit 20 cm Durchmesser als Form benutzen und 4 Kreise ausschneiden.

Je 2–3 gehäufte Esslöffel Füllung auf eine Kreishälfte geben, dabei einen 2,5 cm breiten Rand frei lassen. Den Rand mit Ei bestreichen, dann den Teig zum Halbkreis über die Füllung klappen und fest verschließen: An einer Seite beginnen und den Rand stückchenweise dekorativ verdreht falten.

Die Oberfläche der Pastys mit Ei bestreichen und mit Sesam bestreuen. Dann mit einem scharfen Messer ein Loch in den Teig schneiden.

Die Pasteten 50 Minuten im Ofen backen, bis sie knusprig und goldbraun sind. Aus dem Ofen nehmen und vor dem Servieren 10 Minuten abkühlen lassen.

HEISSE TIPPS

• Diese Pastys bilden eine vollständige Mahlzeit, für eine Party kann man kleinere zubereiten und als Form eine Untertasse nehmen.

• Die gefaltete Kruste sollte nicht zu dick sein, sonst bleibt der Teig innen roh.

BOSSAM

Die Hauptrolle in diesem beliebten koreanischen Gericht spielt
Schweinebauch – üblicherweise gekocht, aber ich bevorzuge die auf
Niedrigtemperatur gegarte Variante, sodass das Fleisch im Munde
zergeht. Dies ist das ultimative Partyessen. Am besten stellt ihr alles auf
den Tisch, sodass sich jeder seinen eigenen Wrap zusammenstellen kann.
„Bossam" heißt übrigens „eingerollt".

2 kg Schweinebauch

SÜSSE SOJA-INGWER-MARINADE
1 große Zwiebel, abgezogen und
geviertelt
100 g brauner Zucker
5 Knoblauchzehen, abgezogen
2 EL Doenjang (koreanische fermentierte Sojabohnenpaste)
1 Stück frische Ingwerwurzel
(5 cm), geschält und in feinen
Scheiben

EINGELEGTER KOHL
300 g Chinakohl
55 g Zucker
60 ml farbloser Essig
1 EL Salz
125 ml Wasser

AUSTERN-RETTICH-SALAT
300 g Rettich, gewaschen
und geschält
2 TL Salz
3 EL koreanisches scharfes
Chilipulver (siehe Tipp S. 81)
2 EL Gochujang-Chilipaste
(siehe Tipp S. 50)
2 EL Fischsauce
3 Knoblauchzehen, abgezogen
und fein gehackt
1 Frühlingszwiebel, in feinen
Ringen
2 TL Zucker
1 EL Sesamsaat
12 frisch geöffnete Austern
(siehe Tipp)

Den Schweinebauch unter fließend kaltem Wasser abspülen, trocken tupfen
und in eine ofenfeste Form legen.

Alle Zutaten für die Marinade in eine Küchenmaschine geben und zu einer
glatten Paste pürieren. Die Marinade über das Fleisch geben und rundum damit
einreiben. Die Form mit Frischhaltefolie abdecken und das Fleisch mindestens
6 Stunden, vorzugsweise über Nacht, im Kühlschrank marinieren.

Den Backofen auf 150 °C vorheizen. Die Form statt mit Frischhaltefolie mit
Alufolie abdecken und das Fleisch 1½ Stunden im Ofen garen.

Die Folie entfernen und das Fleisch mit dem Bratensaft beträufeln. Ohne
Abdeckung weitere 1½ Stunden garen, dabei das Fleisch alle 30 Minuten mit
Bratensaft übergießen, bis die Kruste karamellisiert und das Fleisch superzart
ist. Aus dem Ofen nehmen und auf Raumtemperatur abkühlen lassen.

Inzwischen für den eingelegten Kohl den Kohl putzen, den Strunk heraus-
schneiden, die unteren 2,5 cm des weißen Teils abschneiden und für ein
anderes Rezept verwenden. Die Kohlblätter waschen, trocken schütteln und
in einem Durchschlag beiseitestellen. Zucker, Essig, Salz und das Wasser in
einer großen Schüssel so lange rühren, bis Zucker und Salz aufgelöst sind.
Die Kohlblätter darin wenden und 15 Minuten ziehen lassen. Dann die
Blätter erneut wenden und weitere 15 Minuten ziehen lassen. In den nächsten
1–2 Stunden die Blätter alle 15 Minuten wenden, bis der Kohl weich und
eingefallen ist. Überschüssige Flüssigkeit ausdrücken und bis zum Servieren in
den Kühlschrank stellen.

Für den Salat den Rettich in streichholzgroße Stifte (Juliennes) schneiden
und in eine große Schüssel geben. Das Salz darüberstreuen und vermischen.
10 Minuten stehen lassen, dann ausdrücken und ausgetretenes Wasser wegschütten. Die übrigen Zutaten bis auf die Austern zufügen und alles mit der
Hand vermengen. Jetzt die Austern zugeben und vorsichtig unterheben,
damit sie nicht beschädigt werden. Mit Frischhaltefolie abdecken und bis
zum Servieren in den Kühlschrank stellen.

Zum Servieren den Braten in dünne Scheiben schneiden und auf einer
Servierplatte anrichten. Eingelegten Kohl und Salat zur Selbstbedienung
danebenstellen.

HEISSER TIPP

• Wenn Austern dir suspekt sind, einfach weglassen. Du kannst den Braten auch mal mit
Birnen-Kimchi (Seite 80) servieren, aber Kimchi aus dem Asiamarkt tut's zur Not auch.

CHINESE HOT POT

Dieser chinesische Klassiker ist definitiv eines der besten Gerichte im Winter oder bei Schmuddelwetter. Ein weiterer Vorteil ist, dass nicht lange gekocht werden muss. Nur die Brühe und die Dips müssen im Voraus zubereitet werden. Beim Servieren sollten alle rohen Zutaten bereits auf dem Tisch stehen, sodass die Gäste sich selbst ihr Gericht im heißen Topf kochen können.

SUPPENBRÜHE

1,5 kg Schweineknochen
10 l Wasser
30 g getrocknete Sardellen (Ikan bilis; siehe Tipp)
95 g getrocknete Sojabohnen

CHILI-SATÉ-SAUCE

8–10 getrocknete rote Chilischoten, entkernt und 10 Minuten in heißem Wasser eingeweicht
4 große frische rote Chilischoten, entkernt und in kleine Stücke geschnitten
6–8 Schalotten, abgezogen und grob gehackt
4 Knoblauchzehen, abgezogen und grob gehackt
2 Stängel Zitronengras, nur die weißen Teile, in feinen Ringen
1 Stücke frische Galgantwurzel (2 cm), geschält und in feinen Scheiben
125 ml Pflanzenöl
2 EL Tamarindenpaste
300 g Erdnüsse ohne Haut, geröstet und gehackt
60 g Palmzucker, grob gehackt
80 g Zucker
½ EL Salz
500 ml Wasser

SÜSSE HOISINSAUCE

125 ml Hoisinsauce
2 EL Tahini
1 TL konzentrierte Sojasauce
1 TL Sojasauce
1 EL Erdnussbutter
75 g Zucker
125 ml Wasser

Für die Brühe die Schweineknochen in einen 16-Liter-Topf geben und vollständig mit Wasser bedecken. Bei starker Hitze zum Kochen bringen und 5 Minuten sprudelnd kochen. Dann abgießen. Die Knochen unter fließend kaltem Wasser abspülen, um Verunreinigungen zu entfernen.

Die Knochen zurück in den Topf geben und mit 10 Litern Wasser aufgießen. Sardellen und Sojabohnen zugeben und bei starker Hitze zum Kochen bringen. Die Hitze auf kleine Stufe reduzieren und das Ganze mit schräg aufgelegtem Deckel 3 Stunden köcheln lassen. Damit die Brühe klar bleibt, aufsteigenden Schaum zwischendurch abschöpfen.

Die fertige Brühe durch ein feinmaschiges Sieb in einen großen Topf abseihen und bis zum Servieren warm halten.

Während die Brühe köchelt, die Chili-Saté-Sauce zubereiten. Die getrockneten Chilis mit 2 Esslöffeln Einweichwasser in die Küchenmaschine geben. Frische Chilis, Schalotten, Knoblauch, Zitronengras und Galgant zufügen und alles zu einer glatten Paste pürieren.

Das Pflanzenöl in einem Wok auf mittelhoher Stufe erhitzen. Die Gewürzpaste unter gelegentlichem Rühren etwa 10 Minuten darin braten, bis sich das Öl von der Paste absetzt und die Mischung duftet. Tamarindenpaste, Erdnüsse, Palmzucker, Zucker und Salz zugeben und 1 Minute weiterbraten. Das Wasser einrühren und die Sauce auf kleiner Stufe 10 Minuten köcheln lassen, bis sie eindickt. Bei Bedarf mit Salz und Pfeffer nachwürzen. Bis zum Servieren beiseitestellen.

Alle Zutaten für die süße Hoisinsauce in einen Topf geben und bei mittlerer Hitze rühren, bis der Zucker aufgelöst ist. Die Hitze auf kleine Stufe reduzieren und die Sauce ohne Deckel einige Minuten köcheln lassen, bis sie eindickt. Abschmecken und bei Bedarf mit Salz und Pfeffer nachwürzen.

Zum Servieren eine elektrische Herdplatte oder einen Gaskocher in die Mitte des Tisches stellen. Einen großen Topf zu drei Vierteln mit Brühe füllen und auf die Platte stellen. Zum Kochen bringen.

Fleisch, Meeresfrüchte, Gemüse, Nudeln und Dips auf den Tisch stellen.

Sobald die Brühe kocht, sollte sich jeder ein paar Zutaten schnappen und sie in der Brühe kochen.

HEISSE TIPPS

• Ikan bilis oder getrocknete Sardellen werden in ganz Südostasien verwendet, um Brühen eine geschmackliche Tiefe zu verleihen. Sie sind in Asiamärkten erhältlich. Nicht verwechseln mit italienischen, in Öl eingelegten Sardellen!

• Gemüse, Fleisch und Meeresfrüchte in separaten Schüsseln bereitstellen, falls Reste später anderweitig verbraucht werden.

• Üblicherweise kochen wir die Nudeln ganz am Schluss als „Sattmacher", falls man nach dem ganzen Fleisch und Gemüse immer noch hungrig ist.

FLEISCH

300 g **Hähnchenbrustfilet,** in feinen Scheiben

300 g **Schweinefilet,** in feinen Scheiben

300 g **Rinderfilet** oder **–steak,** in feinen Scheiben

300 g **Rinderhackbällchen**

4 **hundertjährige Eier,** geviertelt und mit feinen Ingwerscheiben serviert (nach Belieben)

MEERESFRÜCHTE

500 g **rohe Garnelen,** geschält und entdarmt

1 Paket **frittierte Fischbällchen** (300 g)

1 Paket **Tintenfischbällchen** (300 g), alternativ frischer

OCHSENBÄCKCHEN IN SHERRY

FÜR
4
PERSONEN

In den letzten zehn Jahren haben Ochsenbäckchen ein kulinarisches Comeback gefeiert. Wenn man bedenkt, dass ein Rind die meiste Zeit seines Lebens grasend und widerkäuend verbringt, ist es selbstverständlich, dass die Bäckchen eher fest sind. Der einzige Weg, sie zu genießen, besteht darin, sie lange auf Niedrigtemperatur zu garen, sodass die Fasern schön schlotzig werden und Rotwein und Sherry aufsaugen.

4 Ochsenbäckchen

35 g Mehl

60 ml Olivenöl

3 Karotten, grob gehackt

1 ganze Knoblauchknolle, horizontal halbiert

1 große Zwiebel, abgezogen und in Scheiben geschnitten

500 ml süßer Sherry

500 ml Rotwein

3 Lorbeerblätter

frische Thymianzweige plus etwas mehr zum Garnieren

Meersalzflocken und frisch gemahlener schwarzer Pfeffer

Die Ochsenbäckchen parieren, im Mehl wenden und überschüssiges Mehl abschütteln, dann das Fleisch beiseitestellen.

2 Esslöffel Olivenöl in einem Topf mit schwerem Boden auf hoher Stufe erhitzen. Das Fleisch von jeder Seite 2 Minuten braun braten. Herausnehmen und beiseitestellen.

Die Hitze auf mittlere Stufe reduzieren. Im selben Topf das übrige Öl erhitzen und Karotten, Knoblauch und Zwiebel darin 10 Minuten dünsten. Dabei darauf achten, dass der Knoblauch nicht anbrennt, sonst wird er bitter. Sherry und Wein zugießen und mit einem Pfannenwender den Bodensatz loskochen. Die Ochsenbäckchen zurück in den Topf geben. Sobald die Flüssigkeit kocht, die Hitze auf kleine Stufe stellen und Lorbeer und Thymian zugeben.

Abdecken und 3–4 Stunden köcheln lassen – dabei das Fleisch stündlich wenden –, bis es beginnt, auseinanderzufallen. Es sollte superzart sein, aber noch seine Form bewahren.

Wenn das Fleisch gar ist, sollte die Sauce auf die Hälfte eingekocht sein und glänzen. Falls sie noch etwas stärker eingekocht werden muss, das Fleisch aus dem Topf nehmen und in Alufolie wickeln, damit es warm bleibt. Die Sauce bei starker Hitze ohne Deckel kochen, bis sie schön angedickt ist.

Die Sauce durch ein feinmaschiges Sieb in einen anderen Topf abseihen. Mit Salz und Pfeffer abschmecken, dann das Fleisch zurück in die Sauce legen.

Bis zum Servieren warm halten und mit frischem Thymian garnieren.

HEISSER TIPP

• Das Gericht passt bestens zu dem gewürzten Blumenkohl (auch ohne Speck) auf Seite 88 oder zu den besten Röstkartoffeln der Welt auf Seite 96.

ASIATISCHE SHORT RIBS

FÜR 4 PERSONEN

Rinderrippchen sind nicht leicht zu bekommen. Wenn du welche siehst, dann greif zu. Sie gehören zu meinen Lieblingsfleischstücken. Dieses einfache Rezept ist für Anfänger perfekt, oder für Menschen, die nicht stundenlang den Barbecue-Smoker laufen lassen wollen. Gib sie einfach in den Ofen und gare sie einige Stunden ganz langsam, um sie zum krönenden Abschluss zu grillen. Einfacher geht's kaum.

2 kg kurze Rinderrippen
1 Handvoll Korianderblätter
Sesamsaat, zum Anrichten

SÜSSE CHILIMARINADE
115 g brauner Zucker
3 Knoblauchzehen, abgezogen
2 große rote Chilischoten, entkernt und in kleine Stücke geschnitten
7–8 Schalotten, abgezogen und grob gehackt
1 Stück frische Ingwerwurzel (5 cm), geschält und grob gehackt
2 EL Fischsauce

Den Backofen auf 150 °C vorheizen. Die Zutaten für die Marinade in der Küchenmaschine zu einer glatten Paste pürieren. Sollte die Mischung zu trocken sein zum Pürieren, ganz wenig Wasser zugeben.

Die Rippen in eine Auflaufform legen. Die Marinade darüberlöffeln und mit den Händen ins Fleisch reiben, bis es vollständig überzogen ist. Doppelt in Alufolie wickeln und fest verschließen.

2½–3 Stunden im Ofen backen, bis das Fleisch superzart ist und die Knochen aus dem Fleisch heraustreten. Aus dem Ofen nehmen und 30 Minuten ruhen lassen.

Einen Holzkohlegrill auf mittlerer Temperatur anheizen. Den Bratensaft aus der Form in einen Krug gießen und überschüssiges Fett von der Oberfläche abnehmen; alternativ eine Fetttrennkanne verwenden. Die Rippen auf dem Grill 2–3 Minuten von jeder Seite grillen, bis sie schön braun sind. Dabei regelmäßig mit dem Bratensaft bestreichen.

Die Rippen auf einen Servierteller legen, mit dem restlichen Bratensaft übergießen, mit Korianderblättern und Sesam bestreuen und sofort servieren.

HEISSE TIPPS

• Unterhalb der Rippen liegt eine Membran, die die Rippen zusammenhält. Sie ist sehr fest und zäh, am besten nicht essen.

• Mit Pommes frites oder gedämpftem Jasminreis servieren.

UNVERSCHÄMT GUTE
TONKOTSU-RAMEN

Ein chinesisches Sprichwort sagt: „Geduld ist eine bittere Pflanze, aber sie hat süße Früchte". Um eine gute Tonkotsu-Brühe zuzubereiten, braucht es Zeit: Schweineknochen müssen über 10 Stunden gekocht werden. Mit der nötigen Geduld wirst du mit einer Schüssel Ramen belohnt, die in der leckersten Tonkotsu-Brühe schwimmen. Sie ist auf jeden Fall der Mühe wert.

TONKOTSU-BRÜHE

- 1,5 kg Schweinsfüße, vom Fleischer in 2,5 cm dicke Scheiben gehackt
- 2 Hähnchenkarkassen, in Stücke gehackt
- 2 EL Pflanzenöl
- 1 große Zwiebel, abgezogen und geviertelt
- 1 Knoblauchknolle, in Zehen zerteilt und abgezogen
- 1 Stück frische Ingwerwurzel (5 cm), in feinen Scheiben
- 1 Stange Lauch, nur der weiße Teil, in 5 cm lange Stücke geschnitten
- 12 Frühlingszwiebeln, nur die weißen Teile; die grünen Teile zum Servieren aufheben

CHASHU (SCHWEINEBAUCH)

- 1 kg Schweinebauch
- 60 ml Sojasauce
- 125 ml Sake
- 125 ml Mirin (japanischer Kochreiswein)
- 115 g Zucker
- 6 Frühlingszwiebeln, in 5 cm lange Stücke geschnitten
- 5 Knoblauchzehen
- 1 Stück frische Ingwerwurzel (5 cm), in feinen Scheiben
- 1 Schalotte mit Schale, halbiert

GEWÜRZE FÜR DIE BRÜHE

- 60 ml aufgefangener Schweinebauch-Bratensaft (von oben)
- 2 EL Sake
- 2 EL Mirin (japanischer Kochreiswein)
- 1 EL weißer Zucker
- 50 g helle Miso-Paste
- 1 Stück Kombu (siehe Tipp)
- Sesamöl und Salz zum Abschmecken

Für die Tonkotsu-Brühe die Knochen und Karkassen in einen 16-Liter-Topf geben und mit kaltem Wasser vollständig bedecken. Das Wasser bei starker Hitze zum Kochen bringen. Die Hitze reduzieren und 10 Minuten sprudelnd kochen.

Die Knochen abgießen und unter fließend kaltem Wasser abbürsten, um dunkles Mark und geronnenes Blut zu entfernen.

Den Topf ausspülen, die Knochen wieder hineingeben, mit frischem Wasser bedecken und erneut bei starker Hitze zum Kochen bringen. Während der nächsten 15–20 Minuten aufsteigenden Schaum von der Oberfläche abschöpfen, eventuell etwas länger.

Inzwischen das Pflanzenöl in einer Pfanne auf mittlerer Stufe erhitzen. Zwiebel, Knoblauch und Ingwer darin unter gelegentlichem Rühren 15 Minuten braten, bis sie von allen Seiten dunkelbraun sind. Mit Lauch und Frühlingszwiebeln in die Brühe geben. Abdecken, die Hitze auf kleine Stufe stellen und 10 Stunden köcheln lassen. Falls erforderlich Wasser nachgießen, sodass die Knochen immer von Wasser bedeckt sind. Wenn die Brühe fertig ist, sollte sie hell und trüb sein, nicht braun.

Die Brühe durch ein feinmaschiges Sieb in einen anderen Topf abseihen. Überschüssiges Fett von der Oberfläche entfernen. Die Brühe bis zur weiteren Verwendung beiseitestellen. In einem luftdicht schließenden Behälter hält sie sich bis zu 5 Tage im Kühlschrank und im Tiefkühler bis zu 1 Monat.

Den Schweinebauch mit der Schwarte nach unten auf ein Schneidebrett legen. Kompakt zusammenrollen und mit Küchengarn umwickeln.

Den Backofen auf 150 °C vorheizen. Den Rollbraten in eine ofenfeste Form legen. Die übrigen Chashu-Zutaten zufügen und auf dem Herd bei starker Hitze zum Kochen bringen. Den Deckel auflegen und im Ofen etwa 3 Stunden unter stündlichem Wenden garen, bis der Schweinebauch sehr zart ist. Zur Garprobe einen Spieß ins Fleisch stecken, dabei sollte kaum Widerstand zu spüren sein.

Aus dem Ofen nehmen und zum vollständigen Abkühlen beiseitestellen. Das Schweinefleisch in einen Behälter legen und den Bratensaft für die Brühe auffangen. Alles über Nacht in den Kühlschrank stellen.

Vor dem Servieren 2 Liter Tonkotsu-Brühe auf mittelhoher Stufe erhitzen. Die Gewürze für die Brühe einrühren, den Herd auf kleine Stufe stellen und alles 15 Minuten köcheln lassen. Den Kombu herausnehmen und mit Salz und Sesamöl abschmecken.

Zum Servieren die Ramen-Nudeln auf vier Schüsseln verteilen.

Den Schweinbauch in dünne Scheiben schneiden und erhitzen, indem sie in einem feinmaschigen Sieb in die heiße Brühe getaucht werden. Dann auf den Nudeln anrichten. Die Brühe darübergießen. Pro Schüssel eine Eihälfte auflegen, mit Bambussprossen, Frühlingszwiebeln und einem Nori-Blatt garnieren und sofort servieren.

HEISSE TIPPS

• Die Tonkotsu-Brühe und den Braten am besten einen Tag im Voraus zubereiten, denn man braucht allein zum Kochen der Brühe einen ganzen Tag und der Braten muss über Nacht ruhen.

• Wenn die Knochen ausgekocht werden, sollte die Küche gut gelüftet werden, denn es riecht wie auf dem Schlachthof.

• Kombu ist getrockneter Seetang und wird in Asien gern für Brühen verwenden. Man findet ihn in Asiamärkten mit japanischer Abteilung oder in Bioläden.

• Man kann die Suppe auch mit Mayu (schwarzes Knoblauchöl), Shichimi togarashi (japanische Pfeffermischung) und eingelegtem Ingwer abschmecken.

ZUM SERVIEREN
1 kg Ramen-Nudeln, nach Packungsangabe zubereitet
2 gerade hart gekochte Eier, halbiert
eingelegte Bambussprossen, in feinen Streifen aufbewahrtes Frühlingszwiebelgrün (von der Brühe oben), in feinen Ringen
4 Nori-Blätter

MEXIKANISCHE CHICKEN-PARMI

ERGIBT
2
STÜCK

Chicken Parmigiana ist ein italienisches Gericht, das in australischen Pubs sehr beliebt ist, und abgekürzt „Parmi" oder „Parma" genannt wird. Und das zu Recht, denn der goldbraunen Kruste mit Schinken und zerlaufendem Käse kann man kaum widerstehen.
Und weil ich gern scharf esse, habe ich es mexikanisch abgewandelt. Falls du sehr hungrig bist, serviere es mit Pommes frites.

2 große Hähnchenbrustfilets
Salz und frisch gemahlener schwarzer Pfeffer
150 g Mehl
2 Eier, mit 60 ml Milch verquirlt
60 g Panko-Semmelbrösel (japanische Semmelbrösel aus dem Asiamarkt)
Pflanzenöl zum Braten
2 Scheiben Frühstücksspeck, in 1 cm breite Streifen geschnitten
2 Scheiben Kochschinken
2 Mozzarella-Kugeln, in Scheiben geschnitten
10–12 eingelegte Jalapeño-Chiliringe
50 g geriebener Pecorino oder Parmesan

CHILI-TOMATEN-SAUCE
2 EL Olivenöl
1 große rote Zwiebel, abgezogen und fein gehackt
2 Knoblauchzehen, abgezogen und mit 1 Prise Salz zerdrückt
140 g Tomatenmark
700 g passierte Tomaten
1 Lorbeerblatt
1 TL Chiliflocken
Salz und frisch gemahlener schwarzer Pfeffer

Für die Tomatensauce das Olivenöl in einem Topf auf mittlerer Stufe erhitzen. Zwiebel und Knoblauch darin weich und glasig dünsten. Das Tomatenmark einrühren und 1 Minute erhitzen. Passierte Tomaten, Lorbeerblatt und Chiliflocken zufügen und alles zum Kochen bringen. Mit Salz und Pfeffer würzen, die Hitze auf kleine Stufe reduzieren und unter gelegentlichem Rühren 30 Minuten köcheln lassen, bis die Sauce etwas eingedickt ist. Vom Herd nehmen und zum vollständigen Abkühlen beiseitestellen.

Die Hähnchenfilets mit einem scharfen Messer im Schmetterlingsschnitt längs aufschneiden – dabei am dicken Ende beginnen. Die Filets aufklappen und zwischen zwei Lagen Frischhaltefolie legen. Mit einem Nudelholz oder Fleischhammer gleichmäßig 1 cm dick ausrollen bzw. klopfen. Rundum salzen und pfeffern.

Zum Panieren Mehl, verquirlte Eier und Panko-Semmelbrösel in separate tiefe Teller füllen. Die Filets nacheinander im Mehl wälzen und überschüssiges Mehl abklopfen. Dann durchs Ei ziehen und zuletzt in den Semmelbröseln wenden, bis das Fleisch vollständig überzogen sind. Die panierten Filets auf einen Teller legen und vor dem Braten mindestens 10 Minuten ruhen lassen.

Das Pflanzenöl 5 cm hoch in eine Pfanne mit schwerem Boden füllen und auf mittlerer Stufe erhitzen. Die Filets darin von jeder Seite 2–3 Minuten goldbraun frittieren. Herausheben und auf einem mit Küchenpapier unterlegten Kuchengitter abtropfen lassen.

Den Backofen auf 200 °C vorheizen. Das Öl bis auf 1 Esslöffel aus der Pfanne gießen und den Speck darin 3 Minuten knusprig braun braten. Herausnehmen und in kleine Stücke hacken.

Die Hähnchenschnitzel in eine Auflaufform oder gusseiserne Pfanne legen und jedes mit 1 Schinkenscheibe und etwas Tomatensauce belegen. Den Mozzarella darauf verteilen und Jalapeño-Ringe und Speckstücke darüberstreuen. Mit dem geriebenen Käse abschließen.

10 Minuten im Ofen überbacken, bis der Käse geschmolzen und hellbraun ist. Auf jeden Teller einen guten Esslöffel Tomatensauce geben, jeweils ein Schnitzel darauf platzieren und servieren.

HEISSE TIPPS

• Die Pfanne muss groß genug sein, damit die Hähnchenbrustfilets sich nicht überlappen.

• Wenn du magst, kannst du die Parmi mit Sour Cream und Tortillas servieren.

SMOKED BRISKET IM TEXAS-STYLE

FÜR 12 PERSONEN

Hast du schon immer von deinem eigenen Braten im Barbecue-Smoker geträumt? Diese einfache Schritt-für Schritt-Anleitung zeigt dir, wie du im Nu deinen eigenen Beef Brisket zubereitest. Nur dieser eine Rat: Vorbereitung ist das A und O. Du willst ja nicht Zeit und Mühe vergeuden, um ein teures Stück Fleisch zu ruinieren. Nur Geduld, junger Padawan!

1 komplette Rinderbrust mit Fettschicht (Beef Brisket, 4–5 kg)

TEXAS-RUB
3 EL Salz
2 EL brauner Zucker
2 EL frisch gemahlener schwarzer Pfeffer
2 TL getrockneter Oregano
1 EL Knoblauchpulver
1 EL Zwiebelpulver

Die Rinderbrust unter fließend kaltem Wasser abspülen und trocken tupfen. Die obere Fettschicht abschneiden, dabei 5 mm Fett belassen. Das Fleisch in einen Bräter legen. Die Gewürze für den Rub in einer Schale vermischen und die Brust rundum damit einreiben. 1 Stunde bei Raumtemperatur ruhen lassen.

Inzwischen einen Grill mit Deckel oder einen Smoker anheizen. Vier Holz-stücke an die vier Ecken des Kohlebehälters legen und die Zwischenräume mit Grillkohle auffüllen; in der Mitte ein Stück zum Anfeuern frei lassen.

Einen Anzündkamin zu drei Vierteln mit Grillkohle füllen und anzünden. Brennen lassen, bis die Kohle von Asche überzogen ist. Dann die Grillkohle vorsichtig in die Mitte des Kohlebehälters füllen. Mit einem Schürhaken gleich-mäßig verteilen. Einen Topf daraufstellen und mit heißem Wasser füllen. Den Grillrost darüber platzieren und den Deckel mit geöffneter Lüftung schließen.

Wenn der Smoke-Bereich eine Temperatur von 93–150 °C erreicht hat, die Rinderbrust mit der Fettschicht nach oben auflegen. Abdecken. Die Hitze bei leicht geschlossener Lüftung so regulieren, dass die Temperatur ständig bei 110–120 °C liegt. Wenn die Temperatur sinkt, Grillkohle und Holz nachlegen.

Die Rinderbrust 12 Stunden garen. Die ersten 2 Stunden den Deckel nicht öffnen, danach stündlich prüfen und wenden, damit das Fleisch gleichmäßig gart. Wenn die Brust nach 5–6 Stunden zu dunkel wird, in Alufolie wickeln und zurück auf den Rost legen. Der Brisket ist fertig, wenn das Fleisch zart ist und das Fleischthermometer an der dicksten Stelle 90–96 °C anzeigt.

Den Brisket vom Grill nehmen, in Alufolie wickeln (falls nicht schon gesche-hen) und vor dem Aufschneiden mindestens 1 Stunde ruhen lassen. Mit Krautsalat, Kartoffelsalat und eingelegtem Gemüse servieren.

HEISSE TIPPS

• Wenn der Brisket zum Abendessen fertig sein soll, brauchst du nicht morgens um 5 auf-zustehen. Bereite ihn am Vortag zu und leg ihn in den Kühlschrank. Vor dem Servieren in Alufolie wickeln und im auf 150 °C vorgeheizten Ofen 1–1½ Stunden aufwärmen.

• Beim Smoken sollte kein Dampf oder weißer Rauch aus den Lüfterschlitzen aufsteigen. Es sollte ein kaum sichtbarer, sogenannter blauer Rauch zu sehen sein.

DÖNER

Es ist 3 Uhr morgens, du hattest eine aufregende Nacht, bist leicht beschwipst und brauchst jetzt etwas Heißes, Fettiges. Also stolperst du über die Straße und kaufst dir einen Döner. Ich denke, das hat jeder schon einmal gemacht. Döner ist bestimmt das beste Hangover-Essen, aber für meinen Döner brauchst du noch nicht einmal einen Kater.

Pflanzenöl zum Frittieren
2 Handvoll tiefgefrorene dicke
   Pommes frites
Salz
1 EL Olivenöl
150 g geriebener Mozzarella
Barbecue-Sauce und scharfe
   Sriracha-Sauce zum Servieren

DÖNER HACKBRATEN

500 g Lammhackfleisch
1 Zwiebel, abgezogen und
   gerieben
2 Knoblauchzehen, abgezogen
   und fein gehackt
1 TL Cayennepfeffer
1 TL gemahlener Kreuzkümmel
1 TL gemahlener Koriander
1 TL Salz
½ TL frisch gemahlener
   schwarzer Pfeffer

KNOBLAUCHSAUCE

¾–1 l Olivenöl
10 Knoblauchzehen, abgezogen
60 ml Zitronensaft
60 ml eiskaltes Wasser
1½ TL Salz

Den Backofen auf 150 °C vorheizen.

Alle Zutaten für den Hackbraten in den Standmixer geben und zerkleinern. Die Fleischmasse sollte leicht klebrig und wie eine Paste sein.

Die Farce auf der Arbeitsfläche zu einem Hackbraten formen. Auf ein Stück Alufolie legen und fest darin einwickeln. In einen Bräter legen und 1½–2 Stunden im Ofen garen, bis das Fleischthermometer an der dicksten Stelle 75 °C anzeigt. Aus dem Ofen nehmen und 30 Minuten ruhen lassen. Dann erst die Folie entfernen.

Inzwischen für die Knoblauchsauce das Olivenöl für 1 Stunde in den Kühlschrank stellen. Knoblauch, Zitronensaft, eiskaltes Wasser und Salz im Standmixer zu einer glatten Paste pürieren. Anhaftungen von den Wänden nach unten schaben, damit alles gut püriert ist. Bei laufendem Motor das gekühlte Olivenöl in einem dünnen Strahl zugießen, bis die Mischung emulgiert, trüb wird und andickt. Die Sauce sollte etwas flüssiger als Mayonnaise sein. Bei Bedarf mit zusätzlichem Zitronensaft und Salz abschmecken. In eine große Squeeze-Bottle (Quetschflasche mit Dosieraufsatz) füllen und bis zur Verwendung im Kühlschrank aufbewahren.

Das Pflanzenöl in eine Fritteuse oder eine Pfanne mit schwerem Boden gießen, bis diese ungefähr zur Hälfte gefüllt ist, und auf hoher Stufe auf 180 °C erhitzen.

Die Pommes frites etwa 10 Minuten im heißen Öl frittieren, bis sie goldbraun sind. Mit einem Schaumlöffel herausheben und in einen mit Küchenpapier ausgelegten Bräter geben. Salzen, solange sie heiß sind.

Inzwischen den Hackbraten in lange dünne Streifen schneiden. Das Olivenöl in einer Pfanne auf hoher Stufe erhitzen und die Streifen darin 5 Minuten braten, bis sie knusprig sind.

Zum Servieren die Pommes frites auf einen Teller geben. Den Mozzarella darüber verteilen, mit Lammstreifen belegen und mit Knoblauchsauce, Barbecue-Sauce und Sriracha im Zickzackmuster beträufeln. Sofort servieren.

HEISSE TIPPS

• Statt Lammhackbraten kann man auch Hähnchengeschnetzeltes nehmen.

• Die Knoblauchsauce hält sich im Kühlschrank bis zu 1 Monat. Sie schmeckt auch als Dip zu Pommes frites, Grillhähnchen oder Falafelbällchen.

STEAK PIES MIT GUINNESS

ERGIBT
6
PIES

Bei klirrender Kälte gibt es nichts Schöneres als in einen heißen Pie zu beißen. Wenn du gerne Pie magst, dann solltest du diesen auf jeden Fall mal probieren. Durch das langsame Garen können die Fleischstücke den vollen Geschmack des Biers aufnehmen. Das Fleischaroma haben wir in eine knusprige Hülle mit Rosmarinaroma gepackt. Ein wahrhaft gesunder Winterwärmer.

STEAKFÜLLUNG

- 150 g Mehl plus 2 EL mehr zum Binden
- 1 kg Rinderschmorfleisch, in 4 cm dicke Würfel geschnitten
- Olivenöl zum Braten
- 2 Karotten, gewürfelt
- 2 Stangen Sellerie, gewürfelt
- 3 Knoblauchzehen, abgezogen und fein gehackt
- 3 große Zwiebeln, abgezogen, 1 Zwiebel fein gehackt und 2 in feine Ringe geschnitten
- 500 ml Guinness oder ein anderes Irish Stout
- 2 EL Worcestersauce
- 250 ml Rinderbrühe
- 60 g Butter
- Meersalzflocken und frisch gemahlener schwarzer Pfeffer

BOUQUET GARNI

- 3 frische Lorbeerblätter
- 1 Zweig Rosmarin
- 2 Stängel Thymian
- 3 Stängel glatte Petersilie

Die Füllung am Vortag zubereiten. Den Ofen auf 180 °C vorheizen. 150 g Mehl in eine Schüssel geben. Die Fleischwürfel portionsweise im Mehl wälzen, überschüssiges Mehl abschütteln, und auf einen großen Teller legen.

Die Bouquet-garni-Kräuter mit Küchengarn zusammenbinden.

2 Esslöffel Olivenöl in einem Bräter auf mittelhoher Stufe erhitzen. Das Fleisch portionsweise unter gelegentlichem Wenden 5–6 Minuten braten, bis es rundum gebräunt ist. Den Topf nicht zu voll machen, dann gelingt das Anbraten nicht so gut. Bei Bedarf mehr Olivenöl zugeben. Das angebratene Fleisch auf einen Teller legen.

Die Hitze auf kleine Stufe reduzieren und im selben Topf einen weiteren Esslöffel Öl erhitzen. Karotten, Sellerie, Knoblauch und die gehackte Zwiebel darin 5 Minuten dünsten, bis die Zwiebel glasig ist.

Das Bier in den Topf gießen und mit einem Pfannenwender den Bodensatz loskochen. Worcestersauce und Brühe einrühren. Das Fleisch zurück in den Topf geben, das Bouquet garni zufügen und den Deckel auflegen.

2 Stunden im Ofen garen, bis das Fleisch superzart ist und auseinanderfällt, wenn man mit einer Gabel daraufdrückt. Die Sauce sollte auf die Hälfte eingekocht sein.

Wenn das Fleisch fast gar ist, 2 weitere Esslöffel Olivenöl in einer Pfanne auf mittlerer Stufe erhitzen und die Zwiebelringe darin 10 Minuten dünsten, bis sie kräftig braun oder stellenweise schwarz sind.

Den Bräter aus dem Ofen holen und die Zwiebelringe einrühren. Den Bräter auf den Herd stellen und alles bei kleiner Hitze köcheln.

Die Butter mit 2 Esslöffeln Mehl in einer Schale zu Mehlbutter vermengen. Mit den Fingern zu buttrigen Krümeln verreiben. Nach und nach in die Fleischmischung geben und rühren, bis die Sauce andickt. Die Fleischfüllung sollte gut dickflüssig sein, damit die Pastete später nicht aufweicht. Mit Salz und Pfeffer abschmecken.

Vom Herd nehmen, die Füllung in einer flachen Form verteilen und vollständig abkühlen lassen. Für mindestens 4 Stunden, besser über Nacht, in den Kühlschrank stellen.

Für den Rosmarin-Schmalz-Teig Mehl, Butter, Schmalz und Rosmarin in die Küchenmaschine geben und im 2-Sekunden-Abstand mit der Pulse-Funktion mixen, bis die Mischung feinkrümelig ist. Die Funktion noch mehrmals betätigen und dabei kaltes Wasser in einem dünnen Strahl zugießen, bis der Teig bindet. Nicht zu stark bearbeiten.

Den Teig auf die leicht bemehlte Arbeitsfläche geben und weich kneten. Zu einer Kugel formen und in Frischhaltefolie einwickeln. Für 30 Minuten in den Kühlschrank legen.

Zwei Drittel des gekühlten Teigs abnehmen und den Rest wieder in den Kühlschrank legen. Den Teig 4 mm dick ausrollen und sechs Kreise à 15 cm Durchmesser daraus ausstechen. Eine 6er-Muffinform mit großen Mulden fest mit den Kreisen komplett auslegen. Den Teig 1 cm über die Ränder der Form hängen lassen und überschüssigen Teig abschneiden. Jede Pastete mit gekühlter Fleischmischung füllen.

Den verbliebenen Teig ausrollen und sechs Kreise à 10 cm Durchmesser ausstechen. Die Kreise über die Füllung legen, sodass die Teigränder sich rundum berühren. Eventuell überstehenden Teig um jeden Pie abschneiden, dann die Ränder in Falten legen und zusammendrücken. Aus Teigresten kleine Blätter ausstechen oder schneiden und die Teigdeckel damit dekorieren. In jeden mit einem scharfen Messer ein Loch stechen, damit später der Dampf entweichen kann. 20 Minuten im Kühlschrank ruhen lassen.

Den Backofen auf 200 °C vorheizen. Die Oberflächen mit verquirltem Ei bestreichen und 45–60 Minuten im Ofen backen, bis die Pies goldbraun sind. Aus dem Ofen nehmen und vor dem Servieren 10–15 Minuten ruhen lassen.

HEISSE TIPPS

• Anstelle von sechs kleinen Pies kann man auch einen großen in einer 5 cm tiefen Pie-Form mit 25 cm Durchmesser zubereiten.

• Unbedingt darauf achten, dass die Fleischfüllung nicht zu flüssig ist, sonst saugt sich am Ende der Boden voll, oder es entsteht womöglich ein Loch-Pie!

ROSMARIN-SCHMALZ-TEIG

- 500 g Mehl plus etwas mehr zum Bestäuben der Arbeitsfläche
- 150 g kalte Butter, in 2 cm dicke Würfel geschnitten
- 100 g Schweineschmalz
- 3 EL frischer, fein gehackter Rosmarin
- 125 ml eiskaltes Wasser
- 1 großes Ei, verquirlt

HELDEN-PIZZA FÜR FLEISCHFANS

Dies ist auch eine meiner verrückten Ideen, die ich einfach mal ausprobiert habe. Mehr Fleisch, weniger Boden – und die Pizza ist ein wahrer Männertraum. Diese Pizza gehört auf viele Speisekarten, pronto!

1 Portion Klassische Fleischbällchen der Pfannenpizza auf Seite 104
Olivenöl zum Braten
1 TL getrocknete Chiliflocken
150 g geriebener Mozzarella

BELAG
in Scheiben geschnittene Chorizo
in Scheiben geschnittene Salami
in Scheiben geschnittene schwarze Oliven
4 Scheiben Schmelzkäse, geviertelt

PIZZATEIG
1 Päckchen Trockenhefe (7 g)
25 g Zucker
320 ml lauwarmes Wasser
500 g Mehl plus etwas mehr zum Bestäuben
2 TL Salz
60 ml Olivenöl plus etwas mehr zum Einfetten
feiner Gries zum Bestäuben

KRÄUTER-TOMATEN-SAUCE
1 EL Olivenöl
1 große Knoblauchzehe, abgezogen und fein gehackt
400 g gehackte Tomaten aus der Dose
2 TL getrockneter Oregano
1 TL Salz

Für den Pizzateig Hefe, Zucker und Wasser in einer Schale verrühren und 5 Minuten gehen lassen, bis sich Blasen an der Oberfläche bilden. Mehl und Salz in einer Rührschüssel vermengen und mit den Fingern eine Mulde in die Mitte drücken. Hefeansatz und Olivenöl hineingießen. Mit einem Holzlöffel in kreisenden Bewegungen das Mehl allmählich mit der Flüssigkeit verrühren, sodass sich ein fester Teig bildet.

Den Teig auf der leicht bemehlten Arbeitsfläche 10 Minuten kneten, bis er glatt und elastisch ist. In eine mit Öl eingefettete Schüssel legen und mit Frischhaltefolie abdecken. An einem warmen Ort 1 Stunde gehen lassen, bis sich das Teigvolumen verdoppelt hat.

Inzwischen für die Tomatensauce das Olivenöl in einem Topf auf mittlerer Stufe erhitzen und den Knoblauch darin 1 Minute braten. Tomaten und Oregano einrühren und 10 Minuten ohne Deckel köcheln lassen, bis die Sauce eingedickt ist. Mit Salz abschmecken und zum vollständigen Abkühlen beiseitestellen.

Die Fleischfarce wie im Rezept auf Seite 104 zubereiten, aus der Masse jedoch 16 golfballgroße Kugeln formen. Das Olivenöl in einer Pfanne auf mittlerer Stufe erhitzen und die Bällchen darin 2–3 Minuten braten, bis sie rundum braun sind. Bis zur weiteren Verwendung beiseitestellen.

Wenn der Teig aufgegangen ist, herunterdrücken, damit die Luft entweicht, dann auf der leicht bemehlten Arbeitsfläche kurz durchkneten. Zur Kugel formen und in zwei gleich große Portionen teilen.

Einen Pizzastein (falls vorhanden) auf die mittlere Schiene des Backofens legen und auf höchste Temperatur zwischen 250–280 °C stellen.

Jede Teigportion mit einem Nudelholz zu einem Kreis mit 25 cm Durchmesser ausrollen. 1 Handvoll Gries auf den Pizzastein oder ein Backblech streuen und den Pizzateig darauflegen. Je 8 Fleischbällchen gleichmäßig am Rand verteilen wie Kirschen auf einer Torte. Den Teig etwas nach außen ziehen und die Fleischbällchen damit stützen, sodass sie nicht verrutschen.

Die Ofentemperatur auf 180 °C reduzieren.

Die Tomatensauce auf den Pizzaböden verteilen, mit den Chiliflocken und der Hälfte des Mozzarellas belegen. Die Wurst, die Oliven und dann den verbliebenen Mozzarella darauf verteilen.

Die Pizzas – gegebenenfalls nacheinander – 15–20 Minuten backen, bis die Kruste knusprig goldbraun und der Belag dunkelbraun ist. Den Ofen abschalten, ein Stück Schmelzkäse auf jedes Fleischbällchen legen und die Pizza noch 5 Minuten im Ofen ruhen lassen, damit der Käse von der Resthitze schmilzt. Aus dem Ofen nehmen, in Stücke schneiden und servieren.

HEISSE TIPPS

• Anstelle von Fleischbällchen kann man auch Stücke von Chorizo oder andere kleine Würstchen nehmen.

• Der Teig reicht für 2 dünne Pizzaböden oder ein Blech. Für einen dicken Boden den Teig 1–2 cm dick ausrollen und etwas länger backen.

DESSERTS

ERDNUSSKROKANT MIT BIER & CHILI

Bier und Erdnüsse sind eine bewährte, himmlische Kombination. Dieser Krokant ist der Traum eines jeden Bierliebhabers – du kannst davon so viel essen, wie du magst, ohne betrunken zu werden, weil der Alkohol beim Kochen verdampft ist und lediglich seinen malzigen Hopfengeschmack hinterlässt. Mach's dir gemütlich, sieh dir einen spannenden Actionfilm an und genieß dabei diesen göttlichen, knusprigen Snack. Aber Vorsicht: Die Schärfe der Chili schleicht sich langsam an.

weiche Butter zum Einfetten
460 g Zucker
125 ml Bier
375 g geröstete, ungesalzene
  Erdnüsse ohne Haut
½ TL Cayennepfeffer
2 TL Meersalzflocken

Ein Backblech mit Backpapier auslegen, dann das Papier gleichmäßig mit Butter einfetten und beiseitestellen. Einen Silikonspatel ebenfalls mit der Butter einfetten und bereitlegen.

Zucker und Bier in einen Topf geben. Ohne zu rühren bei starker Hitze zum Kochen bringen und 10–12 Minuten köcheln lassen, bis die Blasen abklingen und der Sirup bernsteinfarben wird.

Jetzt zügig, aber vorsichtig arbeiten. Der Zuckersirup ist enorm heiß! Den Topf vom Herd nehmen, Erdnüsse, Cayennepfeffer und Salz einrühren und die Mischung aufs vorbereitete Backblech gießen. Mit dem eingefetteten Spatel gleichmäßig verteilen.

Vollständig abkühlen lassen, das dauert gut 15 Minuten.

Den Krokant in Stücke brechen. Kann in einem luftdicht schließenden Behälter bis zu 1 Woche aufbewahrt werden.

HEISSE TIPPS

• Verstreiche die Masse so dünn wie möglich, bevor der Karamell fest ist. Sonst wird die Sache am Ende steinhart. (Ich übernehme keine Verantwortung, falls sich jemand einen Zahn daran ausbeißt!)

• Wer eine Erdnussallergie hat, kann stattdessen auch Macadamias oder geröstete Kichererbsen nehmen.

SCHOKO-EISCREME-TACOS

Meinen ersten Schoko-Taco habe ich in den USA gegessen. Was für eine geniale Idee – ich brauchte nur noch meine eigene Version zu erfinden! Die knusprige Schokoladenwaffel sieht wie ein Taco aus, ist bis zum Rand mit Eiscreme gefüllt und wird mit einem Schokoladenüberzug und gerösteten Erdnüssen verschlossen. Mach den Taco so fett, wie du magst. Die Diät kann warten!

1 Packung Eiscreme nach Wahl
   (1 l)
200 g Zartbitterschokolade,
   grob gehackt
160 g ungesalzene Erdnusskerne,
   geröstet und grob gehackt

WAFFELTEIG

4 Eiweiß
1 TL natürliches Vanilleextrakt
230 g Zucker
2 EL ungesüßtes Kakaopulver
150 g Mehl
¼ TL Salz
80 g Butter, zerlassen

Alle Zutaten für den Teig in eine Schüssel geben und mit dem Handmixer rühren, bis der Zucker aufgelöst und der Teig ganz glatt ist. Er sollte schwer vom Löffel tropfen und nicht zu flüssig sein. Für 1 Stunde in den Kühlschrank stellen.

Nimm dir ein paar Kochbücher und wickle sie einzeln in Alufolie. Ein Waffel-hörncheneisen gemäß Herstellerangabe vorheizen. Wenn es heiß genug ist, 125 ml Teig in die Mitte geben, den Deckel fest schließen und 40–60 Sekunden backen. Die fertige, noch weiche Waffel am besten mit einem Küchen-handschuh aus dem Eisen nehmen und um den Rücken eines der hochkant stehenden Kochbücher legen. Sobald die Waffel fest ist, abnehmen und zum vollständigen Abkühlen auf ein Kuchengitter legen.

Ebenso mit dem übrigen Teig verfahren und mindestens 6 Waffel-Tacos zubereiten. Bis zum Gebrauch in einen luftdicht schließenden Behälter legen. Im Schrank halten sie sich nur 1 Tag, im Tiefkühler quasi ewig.

Zum Fertigstellen die Eiscreme etwas antauen lassen, damit die Waffel beim Füllen nicht bricht. Die Waffel komplett und zum Rand mit Eiscreme füllen, den Überstand am Rand abstreichen. Die gefüllten Tacos in den Tiefkühler legen und 1 Stunde kalt und fest werden lassen.

Inzwischen die Schokolade in einer ofenfesten Schüssel im Wasserbad oder in der Mikrowelle in 20-Sekunden-Intervallen bei niedriger Wattzahl schmelzen. Häufig umrühren. Zum Abkühlen auf Raumtemperatur beiseitestellen.

Die Schüssel mit der Schokoladensauce, eine Schüssel mit den Erdnüssen und einen großen Teller mit den gefüllten Tacos bereitstellen. Die offene Kante der Tacos erst in die Schokosauce tauchen, bis kein Eis mehr zu sehen ist. Überschüssige Schokolade abtropfen lassen. Dann vollständig mit Erdnüssen überziehen. Bis zum Servieren im Tiefkühler aufbewahren.

HEISSE TIPPS

• Die Waffel-Tacos in einem luftdicht schließenden Behälter aufbewahren, damit die Waffel nicht bricht. Sie halten sich im Eisfach ein paar Wochen.

• Falls es in der Küche sehr heiß ist – etwa im Hochsommer –, verarbeite immer nur einen Taco. Nimm einen Taco aus dem Tiefkühler, fülle ihn und leg ihn wieder zurück. So auch mit Schokolade und Nüssen verfahren.

KNABBERMIX MIT SPECK & PEKANNÜSSEN

FÜR
2-4
PERSONEN

Dieses Zeug macht süchtig! Wenn du einmal anfängst, kannst du nicht mehr aufhören. Das Gewürz erinnert mich an Weihnachten, aber der knusprige Mix ist ganzjährig die perfekte süße Knabberei, wenn du auf dem Sofa chillst und der Heißhunger dich überfällt.

2 Scheiben Frühstücksspeck
30 g Butter, zerlassen
55 g brauner Zucker
60 ml Ahornsirup
150 g knusprige kissenförmige Frühstücks-Cerealien (siehe Tipp)
150 g Pekannusskerne

LEBKUCHENGEWÜRZ
1 TL gemahlener Zimt
¼ TL gemahlene Muskatnuss
¼ TL Ingwerpulver
1 Prise Nelkenpulver

Den Backofen auf 200 °C vorheizen. Ein Backblech mit Backpapier auslegen und den Speck darauflegen. 15–20 Minuten im Ofen backen, bis der Speck goldbraun und knusprig ist. Nach 10 Minuten wenden. Herausnehmen und auf Küchenpapier abtropfen. Fein hacken und beiseitelegen.

Die Backofentemperatur auf 150 °C reduzieren. Ein weiteres Backblech mit Backpapier auslegen.

Die Lebkuchengewürze in einer Müslischale vermengen. Butter, Zucker und Ahornsirup zugeben und alles gut verrühren.

Cerealien, Speckstückchen und Pekannüsse in einer großen Schüssel vermengen. Den Gewürzsirup darübergießen und mit einem Holzlöffel umrühren, bis Cerealien und Nüsse gut überzogen sind.

Die Mischung in einer Schicht auf dem vorbereiteten Backblech verteilen. 30 Minuten im Ofen backen, bis alles goldbraun ist und duftet. Nach der Hälfte mit einem Pfannenwender alles vermischen und wenden.

Aus dem Ofen nehmen und vollständig abkühlen lassen.

In einem luftdicht schließenden Behälter bis zu 1 Monat haltbar.

HEISSE TIPPS

• Statt Cerealien kann man auch altbackene Butterwaffeln verwenden.

• Nicht die Cerealien-Kissen mit Nugatfüllung wählen, das passt geschmacklich nicht.

• Man kann auch gerne mehr Zutaten nehmen, zum Beispiel getrocknete Cranberrys, Macadamianüsse, zerbröselte Salzbrezeln ... was dir gefällt und schmeckt!

BANANEN-FRÜHLINGSROLLEN „SCHOKO-WALNUSS"

Als ich einmal den Kühlschrank auf der Suche nach etwas Süßem durchforstete, kam mir die Idee zu diesem Erste-Hilfe-Snack mit üppiger Schokolade, süßer Banane und knackigen Walnüssen in einer frittierten Hülle. Jede einzelne Zutat ist nicht so spektakulär, aber in Kombination! Und weil Bananen drin sind, ist es irgendwie auch gesund, nicht wahr?

4 tiefgefrorene Frühlingsrollenhüllen, aufgetaut

4 gehäufte TL Nuss-Nugat-Creme

50 g Walnusskerne, grob gehackt

2 gerade eben reife Bananen, in dicken Scheiben

Pflanzenöl zum Frittieren

Vanilleeiscreme zum Servieren

Die Frühlingsrollenhüllen so auf die Arbeitsfläche legen, dass eine Ecke zum Körper zeigt. Je 1 gehäuften Teelöffel Nuss-Nugat-Creme in der Mitte verstreichen und die Walnüsse darüber verteilen. Je eine halbe Banane in Scheiben darauflegen. Die Ecke, die zu dir zeigt, über die Füllung klappen, dann die seitlichen Zipfel in der Mitte überlappen lassen. Die letzte Ecke (hinten) mit etwas Wasser benetzen und die Frühlingsrolle schließlich zu einem Päckchen verschließen.

Eine Fritteuse oder eine Pfanne mit schwerem Boden bis zur halben Höhe mit Öl füllen und bei mittlerer Temperatur auf 180 °C erhitzen.

Die Frühlingsrollen darin 1 Minute frittieren, bis sie goldbraun sind. Herausnehmen und auf einem mit Küchenpapier unterlegten Kuchengitter abtropfen lassen.

Die Päckchen diagonal halbieren und mit einer Kugel Vanilleeiscreme sofort servieren.

HEISSE TIPPS

• Die Rollen schön fest verschließen, damit kein Öl eindringt oder die Füllung ausläuft.

• Die Rollen nicht zu prall füllen, sonst platzen sie beim Frittieren.

• Statt Nuss-Nugat-Creme ist auch Erdnussbutter sehr lecker.

KUNAFAH

Kunafah (oder türkisch Künefe) ist eine traditionelle levantische Süßspeise aus dem 10. Jahrhundert. Es ist ein goldenes Wunder aus knusprigem Kadaifi-Teig (türkisch Kadayif), in dem eine Schicht weißer Weichkäse eingewickelt ist, der in Rosen-Zuckersirup badet. Das Ganze wird garniert mit Pistazien, die von Jungfrauen bei Vollmond geerntet wurden. O.k., das Letzte habe ich mir ausgedacht, aber genau so schmeckt es!

500 ml Vollmilch
2 EL Zucker
30 g Grieß
2 TL Rosenwasser
1 Paket Kadaifi-Teig (siehe Tipp)
160 g Butter, zerlassen
400 g Mozzarella, gerieben
1 Handvoll Pistazienkerne,
   geröstet und grob gehackt

ROSENWASSERSIRUP
220 g Zucker
125 ml Wasser
2 TL Zitronensaft
½ TL Rosenwasser

Für den Rosenwassersirup Zucker und Wasser in einem Topf auf mittlerer Stufe erhitzen und rühren, bis der Zucker aufgelöst ist. 10 Minuten ohne Deckel köcheln lassen, bis der Sirup eindickt. Vom Herd nehmen, Zitronensaft und Rosenwasser einrühren, dann vollständig abkühlen lassen.

Milch, Zucker und Grieß in einem Topf auf mittlerer Stufe erhitzen und rühren, bis der Zucker aufgelöst ist. Die Hitze reduzieren und 1 Minute köcheln lassen, bis die Mischung andickt. Sollte sie zu dick sein, esslöffelweise mehr Milch einrühren. Eine Konsistenz von Pudding oder Vanillesauce ist erwünscht. Vom Herd nehmen, das Rosenwasser einrühren und beiseitestellen.

Den Kadaifi-Teig in 1–2 cm breite Stränge schneiden und in eine große Schüssel legen. Die zerlassene Butter darübergießen und mit den Fingern in die Teigstränge reiben, bis sie überzogen sind.

Den Backofen auf 175 °C vorheizen. Die Hälfte der Kadaifi-Mischung in eine ofenfeste Pfanne oder eine Tarteform mit 30 cm Durchmesser geben. Mit den Handflächen oder einer sauberen Kuchenform den Teig am Boden und an den Seiten festdrücken. Die Hälfte des Mozzarellas daraufstreuen und den Griespudding gleichmäßig darüber verteilen. Dann den übrigen Mozzarella und zum Schluss die verbliebene Hälfte der Kadaifi-Mischung darüber verteilen, alles fest daraufdrücken.

1–1½ Stunden im Ofen backen, bis der Kunafah knusprig und goldbraun ist.

Aus dem Ofen nehmen und sofort mit dem Rosenwassersirup übergießen. 15 Minuten ziehen lassen und mit Pistazien garnieren. Warm servieren.

HEISSE TIPPS

• Kadaifi-Teig wird auch Engelshaar genannt und ist nach dem Backen knusprig. Er wird in vielen Desserts aus der Levante sowie Griechenland und der Türkei verwendet. Meist wird die Speise mit Sirup getränkt. Man findet Kadayif in türkischen Supermärkten.

• Dieses Rezept ergibt einen großen Kunafah, man kann auch zwei kleinere in Kuchenformen mit 20 cm Durchmesser machen.

• Wenn der Kunafah aus dem Ofen kommt, kann man ihn direkt aus der Pfanne oder Form servieren oder ihn auf einen Kuchenteller stürzen und mit Sirup tränken.

WEIHNACHTSBAUM-PAVLOVA

FÜR
8
PERSONEN

In Australien kann man Weihnachten nicht ohne Pavlova feiern – in nördlichen Breiten ist natürlich eine Sommerspezialität. Ich gebe zu, dass Pavlova für mich lange Zeit ein Buch mit sieben Siegeln war, bis ich endlich hinter das Baisergeheimnis gekommen bin. Wahrscheinlich verdrehen Pavlova-Puristen jetzt ihre Augen, aber diese fünfstöckige Schönheit wird jeden zum Staunen bringen.

375 g kalte Sahne
2 EL Zucker
Erdbeeren zum Anrichten
Himbeeren zum Anrichten
Blaubeeren zum Anrichten
1 Handvoll frische
   Minzeblättchen

BAISERSCHICHTEN
8 Eiweiß
345 g Zucker
2 TL Speisestärke
1 TL farbloser Essig

HIMBEERSAUCE
300 g tiefgefrorene Himbeeren
250 ml Wasser
115 g Zucker

Den Backofen auf 150 °C vorheizen. Zwei Backbleche mit Backpapier auslegen. Auf das Papier fünf Kreise in verschiedenen Größen einzeichnen: mit 25 cm, 20 cm, 15 cm, 10 cm und 5 cm Durchmesser.

Für das Baiser das Eiweiß mit einem Handmixer oder in der Küchenmaschine in einer peinlich sauberen Schüssel auf mittlerer Stufe schlagen, bis sich weiche Spitzen bilden. Esslöffelweise den Zucker zugeben, insgesamt 15 Minuten ständig rühren, bis der Zucker aufgelöst ist und die Masse glänzend und dick ist. Bei laufender Maschine Stärke und Essig zufügen, 30 Sekunden rühren, dann den Mixer ausschalten.

Die Masse auf die Kreise verteilen. Auf den vier größeren Kreisen sollte die Schicht etwa 2,5 cm dick sein, auf dem kleinsten Kreis zusätzlich eine Baiserspitze bilden.

Die Backbleche auf die mittleren Schienen im Ofen schieben und 10 Minuten backen. Die Temperatur auf 100 °C und 1 Stunde weiterbacken, bis die Baisers knusprig trocken sind.

Den Ofen ausschalten und bei geöffneter Ofentür die Baiserscheiben vollständig abkühlen lassen. Das dauert etwa 1 Stunde.

Die Baisers vorsichtig vom Backpapier lösen und bis zum Zusammenfügen beiseitestellen.

Die Zutaten für die Himbeersauce in einem Topf auf mittelhoher Stufe zum Kochen bringen. Die Beeren mit dem Rücken eines Holzlöffels oder einem Kartoffelstampfer zerdrücken. Die Hitze auf kleine Stufe reduzieren und 10–15 Minuten ohne Deckel köcheln lassen, bis die Sauce andickt und auf die Hälfte eingekocht ist.

Die Sauce durch ein feinmaschiges Sieb in einen Messbecher abseihen, dabei mit einem Löffelrücken so viel Fruchtfleisch wie möglich durchs Sieb passieren. Die Kernchen im Sieb entsorgen. Die Sauce zum vollständigen Abkühlen beiseitestellen.

Kurz vor dem Servieren die Sahne mit dem Zucker steif schlagen.

Zum Zusammenstellen die größte Baiserplatte auf einen Kuchenteller legen, etwas Schlagsahne darauf verstreichen und ein wenig Sauce darüberträufeln. Dann die nächstkleinere Platte nehmen und so weiter, bis zur Spitze. Die Sahne sollte möglichst aufgebraucht sein, etwas Sauce zurückhalten.

Mit Beeren und Minzeblättern dekorieren und mit restlicher Sauce beträufeln. Sofort servieren.

HEISSER TIPP

• Es ist wichtig, dass
die Baisers im Ofen
vollständig abkühlen.
Sie fallen zusammen,
wenn man sie vorzeitig
herausholt. Ich empfehle,
die Baisers einen Tag im
Voraus zuzubereiten
und über Nacht im Ofen
abkühlen lassen.

CHURROS & PORRAS MIT SCHOKO-ORANGEN-SAUCE

Wenn du Churros liebst, dann solltest du ihre dickeren Kusinen Porras mal probieren. Churros bestehen aus Brandteig und Porras aus Hefeteig – beide sind super lecker, also such es dir aus. In Spanien werden Churros oder Porras oft zum Frühstück gegessen und dabei in Kakao – der sehr gehaltvoll ist und schon als Schokosauce durchgeht – oder Kaffee gestippt. Ganz richtig, zum Frühstück!

SCHOKO-ORANGEN-SAUCE
- 100 g Zartbitterschokolade (65 % Kakaoanteil), grob gehackt
- 200 g Sahne
- 1 TL fein abgeriebene Orangenschale
- 1 EL Orangenlikör, z. B. Grand Marnier oder Cointreau, nach Belieben

PORRAS
- 300 g Mehl
- 1 TL Trockenhefe
- 1¼ TL Salz
- 350 ml Wasser
- Pflanzenöl zum Frittieren

Die Schokolade in eine hitzebeständige Schüssel geben, am besten aus Porzellan. Die Sahne in einem Topf auf kleiner Stufe erhitzen, sodass sie gerade eben zu kochen beginnt. Die heiße Sahne über die Schokolade gießen und 1 Minuten ruhen lassen. Mit einem Spatel rühren, bis die Schokolade geschmolzen ist. Sind noch Stückchen übrig, die Sauce in der Mikrowelle kurz nachwärmen. Orangenschale und Likör, falls verwendet, einrühren. Beiseitestellen und warm halten.

Mehl, Hefe und Salz in einer großen Rührschüssel vermengen.

Das Wasser in einem Topf auf kleiner Stufe erhitzen, bis es auf dem Kochthermometer eine Temperatur von 42 °C erreicht bzw. etwas heißer als lauwarm ist. Das Wasser über die Mehlmischung gießen und mit einer Gabel einarbeiten, bis keine Klümpchen mehr vorhanden sind. Die Schüssel mit Frischhaltefolie abdecken und den Teig 30 Minuten bei Raumtemperatur gehen lassen.

Das Pflanzenöl 5 cm hoch in in einen Wok oder eine Pfanne mit schwerem Boden gießen und bei mittlerer Temperatur auf 170–175 °C erhitzen.

Einen Spritzbeutel mit 10-mm-Sterntülle mit dem angedickten Teig befüllen.

Den Spritzbeutel senkrecht über das heiße Öl halten und den Teig spiralförmig hineingleiten lassen. 2–3 Minuten von jeder Seite frittieren, bis die Porras rundum goldbraun sind.

Aus dem Öl nehmen und auf Küchenpapier abtropfen lassen.

Mit dem restlichen Teig ebenso verfahren.

Die Porras in 15–20 cm lange Stücke schneiden und sofort mit heißer Schoko-Orangen-Sauce servieren.

Mehl und Salz in einer Schüssel vermengen.

Wasser und Butter in einem Topf auf mittlerer Stufe erhitzen, bis es sprudelnd kocht. Die Mehlmischung auf einmal hineingeben und unter ständigem Rühren mit einem Holzlöffel 2 Minuten kochen, bis der Teig bindet und sich von den Topfrändern löst.

Den Teig in eine Schüssel geben und etwas abkühlen lassen. Den noch warmen Teig in einen Spritzbeutel mit großer Sterntülle füllen und beiseitestellen.

Zucker und Zimt in einem flachen Gefäß vermischen und beiseitestellen.

Das Pflanzenöl 2,5 cm hoch in in einen Wok oder eine Pfanne mit schwerem Boden gießen, und bei mittlerer Temperatur auf 170–175 °C erhitzen.

Einen 20 cm langen Teigstreifen in Tropfenform auf ein mit Backpapier ausgelegtes Backblech spritzen. Die Enden zusammendrücken und den Tropfen vorsichtig ins heiße Öl gleiten lassen. Weitere Churros spritzen und so viele Churros gleichzeitig frittieren, dass sie nicht aneinanderkleben.

3–4 Minuten frittieren, dabei nach der Hälfte der Zeit wenden, bis die Churros rundum goldbraun sind.

Aus dem Öl nehmen und auf Küchenpapier abtropfen lassen. Noch heiß in der bereitgestellten Zucker-Zimt-Mischung wälzen.

Sofort mit heißer Schoko-Orangen-Sauce servieren.

HEISSE TIPPS

• Wenn die Sauce nicht schnell genug verarbeitet wird, wird sie wieder fest. Einfach 30 Sekunden in der Mikrowelle mit niedriger Wattzahl erhitzen und rühren. Bei Bedarf wiederholen, bis sie wieder flüssig ist.

• Man kann Porras und Churros auch einfach in Streifen frittieren. Schmecken genauso gut!

CHURROS
150 g Mehl
½ TL Salz
250 ml Wasser
50 g Butter
115 g Zucker
1 TL Zimtpulver
Pflanzenöl zum Frittieren

MAGIC MIKE

Ein ordentliches Stück Magic Mike ist genau das, was du brauchst, wenn du nicht weißt, worauf du gerade Appetit hast. Er ist streuselig, knusprig, buttrig, salzig, zuckrig, weich, klebrig und hat Biss – mit anderen Worten: eine Party in deinem Mund. Ein magisches Quadrat mit Keksen, Brezeln, Schokoladenstückchen, Karamell, Nüssen, Speck und Kokos belegt … Schmeckst du's schon?

1 EL Olivenöl
4 Scheiben Frühstücksspeck
200 g Vollkorn-Butterkekse
130 g Butter, zerlassen
30 g Salzbrezeln, zerbröselt
150 g Schokoladentropfen
160 g weiche Karamellbonbons, grob gehackt
160 g Macadamianusskerne, grob gehackt
55 g Kokosraspel
1 Dose gezuckerte Kondensmilch (400 g)

Das Olivenöl in einer Pfanne auf mittelhoher Stufe erhitzen und den Speck darin braten, bis er knusprig und goldbraun ist. Herausnehmen und auf Küchenpapier abtropfen lassen, dann zu feinen Krümeln zerhacken und beiseitestellen.

Den Backofen auf 180 °C vorheizen. Eine tiefe Backform mit 25 cm x 32 cm Seitenlänge mit Backpapier auslegen.

Die Butterkekse in der Küchenmaschine mit der Pulse-Funktion zu feinen Krümeln mixen. In eine Rührschüssel füllen und die zerlassene Butter einrühren, eventuell mit den Fingern zerreiben. Die Mischung gleichmäßig in der vorbereiteten Form verteilen und fest andrücken. Die übrigen Zutaten nacheinander gleichmäßig darüber verteilen: Mit den Brezeln beginnen, dann Schokotropfen, Karamellbonbons, Macadamias, Speck und Kokosraspel. Zum Schluss die Kondensmilch gleichmäßig darübergießen oder -löffeln.

30 Minuten backen, bis ein eingestochenes Holzstäbchen beim Herausziehen sauber bleibt. Aus dem Ofen nehmen und komplett abkühlen lassen.

In zwölf Quadrate schneiden und servieren oder in einem luftdicht schließenden Behälter aufbewahren.

HEISSE TIPPS

• Damit der Boden schön kompakt ist, mit dem Boden eines Trinkglases flach drücken.

• In einem luftdicht schließenden Behälter hält sich der Kuchen bis zu 4 Tage oder mehrere Monate im Tiefkühler.

PANNA COTTA MIT PORTWEINPFLAUMEN

Wie die meisten anderen Kinder wuchs ich mit Cornflakes zum
Frühstück auf. Das Leckerste daran waren die letzten Schlucke Milch,
die süß und nach Cornflakes schmeckten. Diese Panna cotta erinnert
an diesen Lieblingsgeschmack meiner Kindheit, kommt aber mit einer
erwachsenen Begleitung daher.

90 g Cornflakes plus etwas
   mehr zum Garnieren
625 ml Vollmilch
375 g Sahne mit hohem
   Fettgehalt (36 % oder mehr)
4 Blatt Gelatine
45 g Rohrzucker
¼ TL Salz
1 TL natürliches Vanilleextrakt
25 g Butter, zerlassen

**PFLAUMEN IN WÜRZIGEM
PORTWEINSIRUP**
250 ml Wasser
110 g Zucker
1 Zimtstange
2 Gewürznelken
3 Streifen Orangenschale
200 g entsteinte Backpflaumen
60 ml Portwein

Den Backofen auf 150 °C vorheizen. Die Cornflakes in einer Schicht auf ein
Backblech streuen und 15 Minuten backen, bis sie leicht geröstet sind. So lange
abkühlen lassen, bis man sie anfassen kann.

Die Cornflakes in einen großen Topf geben. Milch und Sahne zugießen,
umrühren und 40 Minuten quellen lassen. Die Sahnemilch durch ein feinmaschiges Sieb in einen zweiten Topf abseihen, dabei die Cornflakes im Sieb
mit einem Löffelrücken passieren, um so viel Flüssigkeit wie möglich auszu-
drücken. Die Rückstände im Sieb entsorgen.

Die Gelatine in eine Schale mit Wasser legen und 2–3 Minuten quellen lassen,
bis sie weich und geleeartig ist.

Zucker, Salz und Vanilleextrakt in die Milchmischung geben und bei geringer
Hitze rühren, bis alles warm und der Zucker aufgelöst ist. Die Gelatine ausdrücken und in die warme (nicht heiße!) Milchmischung geben. Vorsichtig
rühren, bis die Gelatine aufgelöst ist.

Die Mischung auf vier Dessertformen verteilen. Auf ein Tablett stellen und für
mindestens 2 Stunden in den Kühlschrank stellen, bis die Masse stichfest ist.

Inzwischen für den Sirup das Wasser in einen kleinen Topf gießen, Zucker,
Zimtstange, Nelken und Orangenschale zufügen und alles bei mittelhoher
Hitze zum Kochen bringen. Die Hitze reduzieren und 10 Minuten ohne Deckel
köcheln lassen. Die Backpflaumen hineingeben und 15 Minuten weiterköcheln,
bis die Sauce etwas reduziert und eingedickt ist. Vom Herd nehmen, den Portwein einrühren und zum vollständigen Abkühlen beiseitestellen. Zimtstange,
Nelken und Orangenschale entfernen.

Um die Sahnedesserts aus den Formen zu lösen, heißes Wasser in eine große
Schüssel geben. Eine Form nach der anderen 15 Sekunden ins Wasser halten.
Das Wasser abtrocknen und die Form auf einen Servierteller stürzen, dabei
sollten die Panna cottas unversehrt hinausgleiten.

Eine extra Handvoll Cornflakes zwischen den Fingern zerreiben und über die
Panna cottas streuen. Mit einigen Pflaumen garnieren und mit Sirup übergießen. Sofort servieren.

HEISSE TIPPS

• Sollten sich die Panna cottas mithilfe des heißen Wassers nicht aus den Formen lösen, mit
einem scharfen Messer den Rand entlangfahren, dann sollte es klappen.

• Die Pflaumen können im Voraus zubereitet werden und im Sirup in einem luftdicht
schließenden Behälter im Kühlschrank aufbewahrt werden. Im Kühlschrank halten sie
sich bis zu 1–2 Monate und schmecken immer besser.

LEICHTER JAPANISCHER KÄSEKUCHEN

Wenn du Käsekuchen magst, der weder zu mächtig noch zu süß ist, probier diesen einmal aus. Japanischer Käsekuchen ist super leicht und fluffig, wie Baumwolle, wie ein luftiges Federkisssen, wie eine Marsh-mallow-Wolke. So leicht, dass du ein zweites Stück möchtest. Oishii!

170 ml Vollmilch
100 g Frischkäse
100 g Butter
8 Eigelb
75 g Mehl
60 g Speisestärke
12 Eiweiß
145 g Zucker
frische Beeren wie Erdbeeren, Himbeeren und Blaubeeren zum Servieren
Puderzucker zum Bestäuben

Den Backofen auf 160 °C vorheizen. Boden und Rand einer Backform (keine Springform) mit 23 cm Durchmesser mit Backpapier auslegen.

Milch, Frischkäse und Butter in einem Topf verrühren. Die Mischung auf mittlerer Stufe ohne zu kochen erwärmen, dabei vorsichtig rühren, bis alles glatt ist. Vom Herd nehmen.

Das Eigelb in einer großen Rührschüssel mit einem Schneebesen verquirlen. Die noch warme Frischkäsemischung langsam einrühren. Mehl und Speise-stärke in die Mischung sieben, dabei kräftig schlagen, damit sich keine Klümpchen bilden.

Das Eiweiß in einer peinlich sauberen Schüssel mit einem Handmixer oder in der Küchenmaschine auf mittlerer Stufe zu Eischnee schlagen. Während des Rührens esslöffelweise den Zucker zugeben und 10 Minuten weiterrühren, bis sich feste Spitzen bilden. Das Baiser sollte glänzend und recht fest sein.

Ein Viertel des Baisers mit einem Silikonspatel in die Mehlmischung einarbei-ten. Das übrige Baiser ebenfalls in Vierteln unterheben. Dabei nicht zu viel rühren, damit möglichst wenig Luft entweicht.

Die Masse in die vorbereitete Form füllen und diese vorsichtig auf die Arbeits-fläche klopfen, damit Luftblasen entweichen können. Die Kuchenform auf ein Backblech mit hohem Rand stellen, dann so viel heißes Wasser in das Backblech gießen, bis die Kuchenform bis zu halber Höhe im Wasser steht.

Das Backblech in den Ofen stellen und den Kuchen 25 Minuten backen. Die Temperatur auf 135 °C reduzieren und 1 Stunde weiterbacken, bis ein in die Mitte des Kuchens gesteckter Holzspieß sauber wieder herauskommt.

Den Kuchen aus dem Ofen nehmen. Ein paar Minuten abkühlen lassen, dann behutsam auf ein Küchentuch stürzen. Das Backpapier vom Kuchenboden abziehen und den Kuchen richtig herum auf eine Tortenplatte stellen.

Zum Abkühlen auf Raumtemperatur beiseitestellen. Kurz vor dem Servieren den Kuchen mit Beeren garnieren und mit Puderzucker bestäuben. In Stücke schneiden und servieren.

HEISSE TIPPS

• Falls du nur eine Springform als runde Form hast, wickle sie von außen dicht mit stabiler Alufolie (Grillfolie) ein, damit kein Wasser in die Form eindringen kann.

• Man kann den Käsekuchen im Kühlschrank aufbewahren. Er fällt zwar etwas zusammen, schmeckt gekühlt aber noch besser.

CRAZY DONUTS

Donuts haben sich neu erfunden. Die Zeiten der unscheinbaren,
mit Zimt bestreuten oder bunt glasierten Donuts ist längst vorbei,
deshalb begrüße mit mir die neue Generation von verwegenen,
außergewöhnlichen Donuts. Ich nenne sie „Crazy Donuts", weil du
verrückt bist, wenn du sie nicht probierst.

DONUTS

300 ml Vollmilch
500 g Mehl Type 550 plus etwas
   mehr zum Bestäuben der
   Arbeitsfläche
100 g Butter
1 großes Ei
2 EL brauner Zucker
2 Päckchen Trockenhefe (14 g)
1 TL Salz
Pflanzenöl zum Frittieren

OREO-CRUMBLE (FÜR 6 DONUTS)

1½ EL Frischkäse
2 EL Vollmilch
185 g Puderzucker
1 EL Nuss-Nugat-Creme
5–6 Oreo oder andere kleine
   dunkle Doppelkekse, grob in
   Stücke gebrochen.

SCHOKO-SPECK (FÜR 6 DONUTS)

2 Scheiben Frühstücksspeck
150 g Zartbitterschokolade,
   grob gehackt
125 g Sahne
1 EL konzentrierter Hefeextrakt,
   z. B. Marmite

Für die Donuts die Milch mit 2 Esslöffeln Mehl in einem Topf verrühren. Unter
ständigem Rühren auf mittlerer Stufe erhitzen, bis die Mischung beginnt ein-
zudicken und gerade eben kocht. Vom Herd nehmen und die Butter einrühren,
bis sie geschmolzen ist. Zum Abkühlen 10 Minuten beiseitestellen, bis die
Mischung noch lauwarm ist. Dabei gelegentlich rühren, damit sich keine Haut
bildet.

Das Ei in die Milch einrühren.

Die Milchmischung in die Schüssel der Küchenmaschine geben und Knethaken
einsetzen. Das übrige Mehl mit Zucker, Hefe und Salz zufügen. Auf niedriger
Geschwindigkeit 10 Minuten rühren, bis ein glatter, weicher und elastischer
Teig entstanden ist.

Die Schüssel mit Frischhaltefolie abdecken und an einem warmen Ort etwa
1 Stunde gehen lassen, bis das Teigvolumen sich verdoppelt hat.

Den aufgegangenen Teig auf der bemehlten Arbeitsfläche einige Male leicht
durchkneten, dann wieder zu einer Kugel formen. Den Teig etwa 1,5 cm
dick ausrollen. Mit einem 10-cm-Ausstecher so viele Donuts wie möglich
ausstechen, dann mit einem 2,5-cm-Ausstecher die Donutlöcher ausschneiden.
(Den Lochteig könnte man auch frittieren.) Auf ein mit Backpapier ausgelegtes
Blech legen und locker mit Frischhaltefolie abdecken.

Die entstandenen Teigreste erneut verkneten und einige Minuten ruhen lassen. Den Teig wieder 1,5 cm dick ausrollen und weitere Donuts und Löcher
auchstechen. So oft wiederholen, bis der Teig aufgebraucht.

Die Donuts 30 Minuten an einem warmen Ort gehen lassen, bis sich das
Teigvolumen verdoppelt hat.

Das Pflanzenöl 5 cm hoch in einen Wok oder eine Pfanne mit schwerem Boden
gießen. Bei mittelhoher Temperatur auf 180 °C erhitzen.

Jeweils 3 oder 4 Donuts auf einmal ins heiße Öl geben und von jeder Seite
2 Minuten frittieren, bis sie aufgegangen, goldbraun und durchgebacken sind.
Auf ein mit Küchenpapier unterlegtes Kuchengitter legen und das Öl abtropfen
lassen. (Vergiss nicht, den Lochteig zu frittieren, falls gewünscht.)

Vollständig abkühlen lassen, dann glasieren und dekorieren.

Für die Oreo-Crumble-Donuts Frischkäse, Milch, Puderzucker und Nuss-Nugat-Creme in einer Schüssel glatt rühren. Jeweils eine Seite von 6 Donuts in die Glasur drücken und mit der glasierten Seite nach oben auf ein Kuchengitter legen. Mit den Keksstücken belegen und fest werden lassen.

Für die Schoko-Speck-Donuts den Speck in eine mit Backpapier ausgelegte Auflaufform legen und im auf 200 °C vorgeheizten Ofen 15–20 Minuten rösten, bis er dunkelbraun und knusprig ist. Nach 10 Minuten wenden. Den Speck auf Küchenpapier abtropfen lassen, dann in kleine Stücke hacken. Die Schokolade in eine hitzebeständige Schüssel geben. Sahne und Hefeextrakt in einem Topf auf mittlerer Stufe erhitzen, aber nicht zum Kochen bringen. Dann über die Schokolade gießen. 15 Sekunden durchwärmen lassen, zwischendurch sachte rühren, bis die Schokolade komplett geschmolzen ist. Abkühlen lassen, bis die Mischung beginnt fest zu werden. Dann eine Seite von 6 Donuts in die Schokolade tauchen. Mit der glasierten Seite nach oben auf ein Kuchengitter legen, mit dem Speck bestreuen und fest werden lassen.

Für die Regenbogen-Donuts Frischkäse, Milch, Puderzucker, Vanilleextrakt und Lebensmittelfarbe in einer Schüssel glatt rühren. Eine Seite von 6 Donuts in die Glasur tauchen, dann mit der glasierten Seite nach oben auf ein Kuchen-gitter legen. Mit Cerealien und Liebesperlen belegen und fest werden lassen.

HEISSE TIPPS

• Pass auf, dass das Öl beim Frittieren der Donuts nicht zu heiß ist, sonst werden sie schnell braun, sind aber innen noch roh.

• Diese Donuts sollten am besten am selben Tag noch gegessen werden, sie werden sonst zäh. Die unglasierten Donuts kann man 12–15 Sekunden in der Mikrowelle aufwärmen,

REGENBOGEN-DONUTS
(FÜR 6 DONUTS)
1½ EL Frischkäse
2 EL Vollmilch
185 g Puderzucker
1 TL natürliches Vanilleextrakt
1 winziger Tropfen rote Lebensmittelfarbe
30 g bunte Frühstückscerealien, z. B. Froot Loops
1 Handvoll Mini-Liebesperlen

LIMETTEN-BAISER-PIE MIT GIN TONIC

Liebst du Gin Tonic auch so wie ich – so sehr, dass du den Drink am liebsten essen würdest? Das ist jetzt möglich! Dieser leckere Pie ist eine Kreation aus Limette, Tonic Water und einem ordentlichen Schluck Gin, gekrönt von einer süßen Baiserhaube. Achtung: Dieses Erwachsenendessert hat's in sich!

60 g Butter, zerlassen, plus etwas mehr zum Einfetten
200 g Vollkorn-Butterkekse
40 g Zucker
¼ TL Salz
abgeriebene Schale von ½ Limette

CREMIGE LIMETTENFÜLLUNG
abgeriebene Schale und Saft von 4 Limetten
4 große Eigelb
1 Dose gezuckerte Kondensmilch (400 g)
125 ml Gin

GIN-TONIC-GELEE
4 Blatt Gelatine
50 ml Gin
100 ml Tonic Water
½ EL abgeriebene Limettenschale
125 ml Limettensaft
1 winziger Tropfen grüne Lebensmittelfarbe

BAISERHAUBE
125 g Zucker
125 ml Wasser
4 Eiweiß

Den Backofen auf 175 °C vorheizen. Eine Springform mit 23 cm Durchmesser mit Backpapier auslegen und leicht mit Butter einfetten.

Die Kekse in eine Küchenmaschine geben und mit der Pulse-Funktion feinkrümelig zerkleinern. In eine Schüssel füllen und Butter, Zucker und Salz einrühren, bis die Zutaten sich verbinden.

Die Masse gleichmäßig in der vorbereiteten Form verteilen und mit dem Boden eines Trinkglases fest an den Boden der Form und 3–4 cm hoch an den Rand drücken.

10 Minuten im Ofen backen, bis die Kruste hellbraun ist. Zum Abkühlen beiseitestellen und die Füllung vorbereiten. Derweil den Ofen anlassen.

Für die Füllung Limettenschale und Eigelb 5 Minuten mit einem Mixer verrühren, bis die Masse blass und cremig ist. Kondensmilch, Limettensaft und Gin einrühren. Die Masse auf den abgekühlten Boden gießen und 15–20 Minuten backen, bis die Füllung fest ist – in der Mitte kann sie noch etwas flüssig sein. Aus dem Ofen nehmen und zum vollständigen Abkühlen beiseitestellen.

Für das Gin-Tonic-Gelee die Gelatineblätter in einer Schale mit kaltem Wasser 10 Minuten quellen lassen. Gin, Tonic Water, Limettenschale und -saft sowie die Lebensmittelfarbe in einer Schüssel verrühren. 100 ml der Ginmischung in einen Topf geben und 1 Minute erhitzen, aber nicht kochen. Vom Herd nehmen. Die Gelatine ausdrücken und in der warmen Ginmischung unter Rühren auflösen. Anschließend in die kalte Gin-Mischung in der Schüssel einrühren und alles vollständig abkühlen, aber nicht fest werden lassen.

Das Gelee über die nun abgekühlte Limettencremefüllung gießen. Mindestens 6 Stunden, vorzugsweise über Nacht, im Kühlschrank gelieren lassen.

Am nächsten Tag für das Baiser Zucker und Wasser ohne Rühren in einem kleinen Topf zum Kochen bringen. Auf mittlerer Stufe 10 Minuten köcheln, bis der Sirup eine Temperatur von 112 °C auf dem Zuckerthermometer erreicht. Sofort das Eiweiß in der Küchenmaschine bei mittlerer Geschwindigkeit zu einem weichen Eischnee schlagen.

Den Sirup weiterkochen lassen, bis er 115 °C erreicht. Dann bei laufendem Mixer den Sirup am Schüsselrand zugießen. 15–20 Minuten weiterschlagen, bis das Baiser Raumtemperatur erreicht hat, glänzt und dick ist. Den Kuchen mit einer zur Mitte hin ansteigenden Baiserhaube überziehen. Mit abgeriebener Limettenschale garnieren, in Stücke schneiden und servieren.

HEISSE TIPPS

• Die Ginmenge kann für manche zu großzügig sein, du kannst einfach weniger nehmen.

• Dieses sogenannte Italienische Baiser muss nicht gebacken werden. Dabei würde die Geleeschicht nämlich wieder flüssig.

GOLDBARREN

Dieses extravagante Dessert besteht aus purem Gold. Wortwörtlich! Es ist schierer Luxus für besondere Anlässe. Die Zutaten willst du ganz sicher nicht vergeuden, deshalb nimm die feinste Schokolade, die du finden kannst. Letztendlich bestehen diese spektakulären Goldbarren aus nichts weniger als einer dekadenten zartbitteren Schokoladenganache auf einem knusprigen Schokoladenboden. Das Ganze ist mit Zartbitterschokolade überzogen und als Bling-Faktor mit 24-karätigem Blattgold bedeckt. Dieses Dessert ist in jeder Hinsicht reich-haltig.

weiche Butter zum Einfetten

SCHOKOLADENBODEN
100 g Mehl plus etwas mehr zum Bestäuben der Arbeitsfläche
30 g Puderzucker, gesiebt
30 g ungesüßtes Kakaopulver
Salz
50 g kalte Butter, gewürfelt, plus etwas weiche Butter zum Einfetten
2 EL kalte Vollmilch
1 Eigelb

SCHOKOLADENGANACHE
200 g Milchschokolade, grob gehackt
200 g Zartbitterschokolade (65–70 % Kakaoanteil), grob gehackt
375 g Sahne
1 TL Meersalzflocken

SCHOKOLADENÜBERZUG
300 g Zartbitterkuvertüre (65–70 % Kakaoanteil)
1 Blatt essbares Blattgold (siehe Tipp)

Für den Schokoladenboden alle Zutaten bis auf das Eigelb in eine Küchenmaschine geben. Im 2-Sekunden-Rhythmus die Pulse-Funktion betätigen, bis der Teig feinkrümelig ist. Das Eigelb zugeben und weiter inervallmixen, bis die Zutaten binden. Auf die leicht bemehlte Arbeitsfläche legen und mit den Händen verdichten. In Frischhaltefolie wickeln und für 20–25 Minuten in den Kühlschrank legen.

Boden und Seiten einer rechteckigen Backform mit 16 cm x 26 cm Seitenlänge mit Backpapier auslegen und mit Butter einfetten.

Den gekühlten Teig auf der leicht bemehlten Arbeitsfläche 5 mm dick ausrollen, dann die Form damit auslegen. Überstehenden Teig an den Seiten abschneiden. Die Form für 20 Minuten in den Kühlschrank stellen.

Den Backofen derweil auf 180 °C vorheizen. Ein Stück Backpapier auf den Teig legen und mit Backbohnen, Reis oder getrockneten Hülsenfrüchten beschweren. 15 Minuten blindbacken, dann Gewichte und Backpapier entfernen und weitere 10 Minuten backen, bis der Teig trocken und knusprig ist. Zum vollständigen Abkühlen beiseitestellen.

Für die Ganache die Schokoladen in eine große hitzebeständige Schüssel geben. Die Sahne in einem Topf auf mittlerer Stufe erhitzen, bis sie gerade zu kochen beginnt. Dann über die Schokolade gießen. Gelegentlich umrühren, bis die Schokolade geschmolzen ist. Zum Abkühlen auf Raumtemperatur beiseitestellen, dann das Salz einrühren.

Die Ganache gleichmäßig auf dem Teigboden verstreichen. Mindestens für 4 Stunden, vorzugsweise über Nacht, zum Festwerden abgedeckt in den Kühlschrank stellen.

Ein Kuchengitter auf ein mit Backpapier ausgelegtes Backblech setzen. Den Teigboden mit Ganachefüllung behutsam aus der Form nehmen und das Backpapier abziehen. In 8 cm x 3,5 cm große Riegel schneiden und auf das Kuchengitter legen. Falls die Raumtemperatur hoch ist, die Riegel wieder in den Kühlschrank stellen.

Für den Schokoladenüberzug 250 g Kuvertüre in eine hitzebeständige Schüssel geben und 20 Sekunden bei niedriger Wattzahl in der Mikrowelle erhitzen. Herausnehmen und umrühren. Ein weiteres Mal 20 Sekunden in der Mikrowelle erhitzen. So lange wiederholen, bis die Schokolade vollständig geschmolzen ist. Die übrige Kuvertüre zugeben und rühren, bis sie geschmolzen ist. Auf Raumtemperatur abkühlen lassen.

Die zähflüssige Schokolade über die Riegel gießen und mit einem Spatel oder Palettmesser glatt verstreichen, bis sie vollständig überzogen sind.

Nun die Schokoladenriegel 1 Stunde trocknen und fest werden lassen – aber nicht in den Kühlschrank stellen, sonst wird die Schokolade rissig und weiß.

Jeden fest gewordenen Riegel mit einem passenden Stück Goldblatt belegen – pro Riegel benötigt man zwei Lagen. Dies ist eine knifflige Angelegenheit, lass dir deshalb Zeit. (Ich mache es so, dass ich das Goldblatt leicht auf die Schokolade lege und aufs Blatt puste, sodass es an der Schokolade haftet. Dann streiche ich es mit Küchenpapier glatt – vielleicht findest du aber noch eine bessere Methode!).

In einem luftdicht verschlossenen Behälter bei Raumtemperatur (maximal 24 °C) halten die Riegel sich eine Woche, im Kühlschrank bis zu 3 Wochen. Aber ehrlich gesagt, am besten halten sie sich in deinem Bauch.

HEISSE TIPPS

• Essbares Blattgold ist online erhältlich oder in speziellen Backzubehör-Shops. Die Größe der Bögen variiert. Blattgold ist teuer, deshalb geh vorsichtig mit den zarten Blättern um.

CROISSANT-AUFLAUF MIT BUTTER & SPECK

Beim Camping liebe ich am meisten das Dessert Brotauflauf – jeder schleicht ums Feuer herum und probiert den brennend heißen Auflauf. Er ist wie eine essbare Umarmung. Ich habe entdeckt, dass es mit Croissants statt Weißbrot noch buttriger schmeckt.

1 EL Olivenöl
2 Scheiben Frühstücksspeck
375 g Sahne
250 ml Milch
3 Eier
55 g Rohrohrucker plus
    2 EL mehr zum Bestäuben
60 ml Kahlua oder ein anderer
    Kaffeelikör
Butter zum Einfetten der Form
6–8 Croissants, in 4 cm breite
    Streifen geschnitten
100 g Zartbitterschokolade,
    grob gehackt
½ TL Zimtpulver
Vanilleeiscreme oder
    geschlagene Sahne zum
    Servieren

Das Olivenöl in einer Pfanne auf mittlerer Stufe erhitzen und den Speck darin braten, bis er knusprig und goldbraun. Herausnehmen und auf Küchenpapier abtropfen lassen. In kleine Stücke schneiden oder hacken und beiseitestellen.

Sahne und Milch in einem Topf auf mittlerer Stufe erhitzen, aber nicht kochen. Vom Herd nehmen.

Eier und Zucker in einer großen Schüssel mit dem Handmixer verrühren, bis der Zucker aufgelöst ist. Unter ständigem Rühren die noch heiße Sahne-Milch-Mischung zugießen. Den Likör einrühren und das Ganze beiseitestellen.

Den Backofen auf 180 °C vorheizen. Eine 5 cm tiefe Backform mit 17 cm x 26 cm Seitenlänge einfetten. Die Croissantstücke gleichmäßig einfüllen und mit der Schokolade bestreuen. Den Speck darüberstreuen und alles mit der Sahnemischung übergießen. 15 Minuten ziehen lassen.

Zimt und die 2 Esslöffel Zucker über den Auflauf streuen und diesen 25–30 Minuten im Ofen backen, bis die Sahnemischung gerade fest und der Auflauf goldbraun ist.

Warm mit Vanilleeis oder Schlagsahne servieren.

HEISSER TIPP

• Noch üppiger wird der Auflauf, wenn du ihn mit Karamellsauce servierst.

ROCKY ROAD S'MORES

Rocky Road ist eine beliebte Süßigkeit für Kinder. Diese aufgepimpte Version ist etwas für bekennende Naschkatzen. Jeder Bissen vereint den Kontrast von knusprigem Puffreis und Pistazien, weichem Lokum und gerösteten Marshmallows. Habe ich schon gesagt, dass es süß ist? Den Kindern am besten in kleinsten Mengen verabreichen, damit sie vom Zuckerschock nicht durchdrehen.

50 g weiche Butter plus etwas mehr zum Einfetten der Form

200 g Milchschokolade, grob gehackt

500 g Zartbitterschokolade, grob gehackt

225 g Choco Crispies oder andere Frühstückscerealien mit Schokolade und Puffreis

250 g Lokum (türkische Süßigkeit/turkish delight), in kleine Stücke geschnitten

170 g getrocknete Cranberrys

140 g ungesalzene Pistazien, grob gehackt

24 große Marshmallows, zu Scheiben halbiert

Die Butter mit den beiden Schokoladensorten in eine hitzebeständige Schüssel füllen und im Wasserbad schmelzen. Dafür die Schüssel über einen Topf mit köchelndem Wasser setzen oder hängen, dabei darf der Boden der Schüssel nicht den Topfboden berühren. Gelegentlich rühren, bis die Schokolade geschmolzen ist. Alternativ in der Mikrowelle schmelzen, wie auf Seite 170 beschrieben. Beiseitestellen und leicht abkühlen lassen.

Eine tiefe Backform mit 25 cm x 32 cm Seitenlänge mit Backpapier auslegen und einfetten.

Cerealien, Lokum, Cranberrys und Pistazien in eine große Rührschüssel geben. Die geschmolzene Schokolade – bis auf 250 g! – über die Mischung gießen. Alles mit einem Silikonspatel verrühren.

Die stückige Schokomischung in die vorbereitete Form füllen und gleichmäßig verstreichen. Dann die restlichen 250 g Schokolade gleichmäßig darübergießen oder -löffeln. Die Form etwas rütteln, damit die flüssige Schokolade in die Lücken sickert. Die Marshmallowscheiben dicht an dicht darauflegen.

Für 1 Stunde in den Kühlschrank stellen, bis die Schokolade fest ist.

Den Backofengrill vorheizen. Den Kuchen 3–5 Minuten auf der obersten Schiene backen, bis die Marshmallows schmelzen und etwas bräunen.

Herausnehmen und abkühlen lassen. Dann in Quadrate schneiden und … essen.

HEISSE TIPPS

• Rocky Road hält sich in einem luftdicht verschließbaren Behälter bis zu 2 Wochen im Kühlschrank und im Tiefkühler noch viel länger.

• Anstatt die Marshmallows im Ofen zu grillen, kann man sie auch mit einem Gourmetbrenner flambieren.

DRINKS

GARNELENCOCKTAIL BLOODY MARY

ERGIBT
4
DRINKS

Wenn ein Drink auch ein Essen ist, ist er auch ein Drink? Diese Bloody Mary ist ein typischer Konterdrink in den USA bei einem Brunch, weil viele glauben, dass man einen Kater mit mehr Alkohol kurieren kann. Ob es stimmt oder nicht, diese Cocktailversion mit Garnelen ist genau der richtige Muntermacher am Vormittag.

1 TL Selleriesalz
1 TL frisch gemahlener schwarzer Pfeffer
1 TL Cayennepfeffer
1 TL geräuchertes Paprikapulver
4 gekochte Riesengarnelen, geschält und entdarmt
4 Cornichons
4 eingelegte Silberzwiebeln
4 grüne, mit Paprika gefüllte Oliven

BLOODY-MARY-MIX
1 l gekühlter Tomatensaft
125 ml Wodka
2 TL Worcestersauce
1 TL scharfe Sauce, z. B. Sriracha oder Tabasco
Saft von ½ Limette
Saft von ½ Zitrone
Eiswürfel

Alle Bloody-Mary-Zutaten in eine große Kanne geben und gut umrühren. Bis zur Verwendung in den Kühlschrank stellen.

Kurz vor dem Servieren Selleriesalz, Pfeffer, Cayennepfeffer und Paprikapulver vermengen und auf einen kleinen Teller geben.

Die Ränder von vier Cocktailgläsern mit Wasser befeuchten und in die Gewürzmischung drücken. Beiseitestellen.

Je 1 Garnele, 1 Cornichon, 1 Silberzwiebel und 1 Olive auf einen Cocktailspieß stecken.

4–5 Eiswürfel und 500 ml gekühlte Bloody Mary in einen Cocktailshaker geben. Den Shaker moderat schütteln, ohne dass die Mischung zu schäumen beginnt. Auf vier Gläser verteilen und wiederholen, bis alle vier Gläser gefüllt sind.

Auf jedes Glas einen Garnelenspieß legen und sofort servieren.

HEISSER TIPP

• Lass dir bei den Garnituren ruhig was einfallen. Nimm zum Beispiel mal Salami, Sardellen, Käsewürfel, karamellisierten Speck … der Fantasie sind keine Grenzen gesetzt.

FLAMIN' MOE

Dieser Cocktail hat einen gewissen Unterhaltungswert für die Gäste.
Das ist meine Version eines Mai Tai mit einem Hauch von Magie.
Simpson-Fans, keine Sorge – in dieser Kreation ist kein Hustensaft,
aber sie schmeckt fast genauso lecker.

1 Becher Eiswüfel
1 ausgehöhlte Limettenhälfte

COCKTAIL-MIX
30 ml dunkler Rum
15 ml Grand Marnier
2 EL frisch gepresster
   Orangensaft
15 ml frisch gepresster
   Limettensaft
15 ml Zuckersirup (siehe Tipp,
   Seite 186)
1 Tropfen Mandelextrakt
1 Spritzer Grenadine (nach
   Belieben)

ZUM FLAMBIEREN
30 ml dunkler Rum
Zimtpulver im Metallstreuer

Eiswürfel und alle Cocktail-Zutaten in einen Cocktailshaker geben. 10 Sekunden schütteln, dann komplett, ohne abzuseihen, in einen Tiki-Becher füllen.

Die Limettenhälfte als Boot oben aufsetzen.

Zum Flambieren den braunen Rum in einem ganz kleinen Topf auf kleiner Stufe erhitzen, sodass er noch warm genug zum Anfassen ist. Ganz vorsichtig den Alkohol im Topf entzünden. Schnell Zimt aus der Dose über die Flamme streuen, dann den Alkohol in die Limettenhälfte gießen.

Die Flamme sollte nicht länger als 10 Sekunden brennen, dann die Limette in den Drink sinken lassen. Umrühren und trinken.

HEISSE TIPPS

• Ich kann nicht genug betonen, wie vorsichtig man beim Flambieren von Alkohol vorgehen muss – pass auf, dass nichts in der Nähe ist, was Feuer fangen kann (einschließlich deiner Augenbrauen!).

• Alternativ diesen Cocktail servieren, in dem du zuerst den flambierten Rum in die Limettenschale gießt. Dann erst mit Zimt bestreuen und gleichzeitig den Zauberstab schwingen: Abrakadabra!

FROZEN MEXICAN BULLDOG

Wenn du diesen Cocktails noch nie getrunken hast, dann hast du etwas verpasst! Bei dieser unkonventionellen, beliebten Kreation wird eine Bierflasche (vorzugsweise Corona) umgedreht in einen Frozen Margarita gesteckt. Während der Cocktail langsam durch einen Strohhalm getrunken wird, fließt Bier nach. Dieser Glasschalen-Cocktail hat die perfekte Größe für zwei. Je mehr du aufsaugst, desto früher singst du „Te-te-te, Tequila!"

4 Becher Crushed Ice
125 ml Tequila
60 ml Grand Marnier
60 ml frisch gepresster Limettensaft
125 ml frisch gepresster Orangensagt
60 ml Zuckersirup (siehe Tipp)
2 Flaschen eisgekühltes Corona (à 330 ml)
Limetten- und Orangenscheiben zum Anrichten

Das Eis in einen Mixer geben. Tequila, Grand Marnier, Limettensaft, Orangensaft und Zuckersirup darübergießen. Zu einem Frozen Margarita mixen.

Die Margarita in Glasschale mit 2,5 Liter Volumen füllen. Die geöffneten Bierflaschen schnell und geschickt mit der Öffnung nach unten in die Schale stellen.

Mit Limetten- und Orangenscheiben garnieren. Für jeden Mittrinker einen Strohhalm hineinstecken.

HEISSE TIPPS

• Das Wichtigste zuerst: Vor dem Öffnen die Bierflaschen von außen ordentlich säubern.

• Um einen einfachen Zuckersirup zu machen, zu gleichen Teilen Wasser und Zucker in einen Topf geben und bei mittelhoher Hitze 5 Minuten köcheln lassen. Zum vollständigen Abkühlen beiseitestellen. In einer Flasche mit Schraubdeckel oder Bügelverschluss hält sich der Zuckersirup mehrere Wochen.

PISCO SOUR

Pisco Sour ist das Nationalgetränk in Peru und Chile. Auch wenn beide Länder es für sich allein beanspruchen, bevorzuge ich die peruanische Version mit schaumigem Eiweiß oben und ein paar Tropfen Bitter. Die Peruaner lieben ihren Pisco Sour so sehr, dass ihm sogar ein Nationalfeiertag gewidmet ist. Der Pisco-Sour-Tag wird am ersten Samstag im Februar gefeiert.

50 ml frisch gepresster Limettensaft
100 ml Pisco (siehe Tipp)
1 sehr frisches Eiweiß
50 ml Zuckersirup (siehe Tipp, Seite 186)
5–6 Eiswürfel
1 Spritzer Angostura Bitter

Limettensaft, Pisco, Eiweiß und Zuckersirup in einen Cocktailshaker füllen. Die Eiswürfel zugeben, dabei der Versuchung widerstehen, zu viel Eis zu nehmen, denn es verflüssigt den Drink später unnötig. 15 Sekunden stark schütteln. Die Hälfte der Mischung in ein Cocktailglas abseihen. Den Shaker noch einmal schütteln, dann das Glas bis zum Rand füllen. Der Pisco sollte oben eine hübsche Eiweiß-Schaumkrone haben. Ein paar Tropfen Bitter hinzufügen und servieren.

HEISSE TIPPS

• Pisco ist ein beliebter, farbloser Tresterbrand, der in Peru und Chile produziert wird. Es gibt viele Variationen davon, manche eignen sich für Cocktails, andere sollte man lieber pur trinken. Für einen Picso Sour nimm am besten einen, auf dessen Flasche „Quebranta" steht – das ist die Traube, aus der dieser Pisco destilliert wurde.

• Auch wenn das Eiweiß in dieser Version vom Limettensaft quasi „gegart" wird, ist es am besten, ein möglichst frisches Eiweiß zu verwenden.

PARTY-WASSERMELONENFÄSSCHEN

Sommer und Wassermelonen gehören zusammen wie Strand und Palmen. Ein Wassermelonenfass ist eine originelle Art, dieses Fruchtelixir zu servieren, und immer ein Partykracher – genau das Richtige für deinen nächsten Grillabend.

1,25 l Wassermelonensaft (aus dem Wassermelonenfässchen)
125 ml Lycheelikör
250 ml Wodka
1 Becher Eiswürfel

WASSERMELONENFÄSSCHEN
1 große kernlose Wassermelone
1 Kunststoff-Zapfhahn mit Dichtung und Verschluss

Für das Wassermelonenfässchen mit einem langen scharfen Messer den Boden der Melone begradigen, damit sie aufrecht stehen kann. Dabei nicht ins Fruchtfleisch schneiden, sonst ist das Fässchen undicht. Dann – etwas großzügiger – einen Deckel von der Melone abschneiden und aufbewahren. Das gesamte Fruchtfleisch mit einem Löffel herauskratzen und in einer großen Schüssel beiseitestellen.

Mit einem kleinen scharfen Messer oder einem Kerngehäuseausstecher in der Nähe des Bodens ein Loch ausschneiden. Das Loch sollte etwas kleiner als der Anschlaghahn sein, damit es nicht heraustropft. Dann stich den Hahn ins Loch und befestige ihn. Teste seine Funktion, indem du die Melone zunächst mit Wasser befüllst. Falls es tropfen sollte, wickle Frischhaltefolie um den Zapfhahn, sodass er schön fest im Melonenloch sitzt.

Alle Samen aus dem Fruchtfleisch entfernen, dann das Fruchtfleisch mit einem Stabmixer oder im Standmixer pürieren. Den Saft in einen Krug passieren und bis zur Verwendung kalt stellen.

Kurz vor dem Servieren Wassermelonensaft, Lycheelikör, Wodka und Eiswürfel ins Melonenfässchen füllen und alles gut verrühren. Die Cocktails direkt aus dem Fässchen in Gläser abfüllen.

Wenn das Fässchen leer ist, mehr Cocktail-Mix nachfüllen. Wenn die Party vorbei ist, das Fässchen (ohne Hahn) in der Biotonne entsorgen.

HEISSE TIPPS

• Es ist wichtig, den Wassermelonensaft durch ein Sieb abzuseihen, damit die Rückstände nicht im Fass landen und den Zapfhahn verstopfen.

• Falls dir der Wassermelonensaft ausgeht, nimm einfach etwas aus dem Kühlschrank, das passt und sorg dafür, dass die Party weitergeht.

ÜBER DEN AUTOR

Billy Law ist der Begründer und Cheflektor von der Webseite www.atablefortwo.com.au, die er 2008 eingerichtet hat und nun zu den top Food- und Travel-Blogs in Australien zählt.

Mit seinem IT-Background hat Billy das Kochen als Autodidakt gelernt und eine starke Leidenschaft für die Gastronomie entwickelt, die ihm einen Job in der Food-Industrie einbrachte. Aufgrund seines Talents wurde er 2011 in der TV-Show „MasterChef Australia" zu den Top-10-Köchen gewählt.

Law ist nebenbei professioneller Food-Fotograf. Seine Fotos werden in Magazinen, Restaurants und vielen Kochbüchern, einschließlich seinen eigenen, veröffentlicht.

Außerdem ist Law ein begeisterter Globetrotter und immer mit der Kamera griffbereit unterwegs, um den nächsten Food-Trend zu entdecken und seine eigenen Sichtweisen in der kulinarischen Welt beizusteuern.

Law hat mit namhaften Größen in der Food- und Reiseindustrie zusammengearbeitet, etwa Nespresso, AirAsia, Qantas, Pernod Ricard, Emirates, dem US-Küchengerätehersteller Breville, Sodastream und KitchenAid, um nur einige zu nennen. Billy ist auch Autor für Expedia Travel.

REGISTER

Die Originalausgabe erschien 2018 unter dem Titel „XXL" bei Smith Street Books
(www.smithstreetbooks.com)

Projektleitung: Hannes Frisch

Gesamtproducing: trans texas publishing services GmbH, Köln

Übersetzung: Antje Seidel, Köln

Lektorat: Lesezeichen Verlagsdienste, Köln

Umschlaggestaltung für die deutschsprachige Ausgabe: OH, JA!, München

Druck und Bindung: DZS Grafik, d.o.o., Ljubljana

Printed in Slovenia

Verlagsgruppe Random House FSC® N001967

ISBN 978-3-517-09781-7

www.suedwest-verlag.de